퇴직 없는 인생 기획

퇴직 없는 인생 기획

1판 1쇄 발행 2019. 3. 15.
1판 2쇄 발행 2022. 6. 7.

지은이 도영태

발행인 고세규
편집 권정민 | 디자인 윤석진
발행처 김영사
등록 1979년 5월 17일(제406-2003-036호)
주소 경기도 파주시 문발로 197(문발동) 우편번호 10881
전화 마케팅부 031)955-3100, 편집부 031)955-3200 | 팩스 031)955-3111

값은 뒤표지에 있습니다.
ISBN 978-89-349-9504-3 03320

홈페이지 www.gimmyoung.com   블로그 blog.naver.com/gybook
인스타그램 instagram.com/gimmyoung   이메일 bestbook@gimmyoung.com

좋은 독자가 좋은 책을 만듭니다.
김영사는 독자 여러분의 의견에 항상 귀 기울이고 있습니다.

현역일 때 미리 준비하는

퇴직 없는 인생기획

도영태 지음

"퇴직 후 행복한 사람이 진정한 인생의 고수다"

김영사

나에겐 위로 두 형제가 있다. 큰형은 퇴직을 했고 작은형은 현직의 끝자락을 잡고 있다. 지금 형들의 공통 관심사는 '퇴직 후 인생'이다.

현직일 때 잘나갔던 큰형은 퇴직 후 산악과 여행을 즐기며 여유롭게 살겠다고 자신했지만, 여건이 허락하지 않아 다시 구직 활동을 하고 있다. 현직에서 고점을 찍고 있는 작은형은 퇴직이 다가옴에 따라 이후의 삶을 어떻게 기획할지 고민 중이다. 형들만이 아니다. 주변을 살펴보니 나의 윗세대 또는 같은 세대의 화두는 온통 퇴직 후 삶인 '제2의 인생', '인생 후반기', '인생 이모작'이었다. 나의 육군사관학교 동기들은 장성도 있지만 역시 퇴직 후 진로에 대한 생각에서만큼은 자유롭지 못하다. 나는 현직일 때 어깨에 힘주었던 사람들이 준비 없는 퇴직을 맞아 냉혹한 현실에 내동댕이쳐지고 삶의 동력이 약해지는 것을 수없이 봐왔다. 정부도 이제 봇물처럼 쏟

아직은 낯설기만 하고 막연한 두려움만 느껴지는 퇴직 후 인생이지만 이 책을 통해 준비된 발걸음을 한 걸음씩 내딛는다면 다가올 퇴직 후 50년이 지금보다는 더 나을 것이라고 감히 확신한다.

　　늘 책이 나오기까지 수고로움을 함께한 분들에게 감사하다. 먼저 언제나 나의 영원한 멘토이신 어머니께 이 책을 바친다. 퇴직 후 가장 힘이 되는 사람들은 가족인데 이들이 내게도 고맙고 든든하다. 좋은 책으로 다듬어 주신 김영사 편집부 직원에게도 심심한 감사의 말씀을 전한다. 무엇보다 오랜 산고 끝에 세상의 빛을 본 것과도 같은 출간의 기쁨을 수많은 잠재적 퇴직 예정자와 퇴직자들과 누리고 싶다.

도영태

contents

Chapter 1

나에게 기획이 필요해

방향 잡기

01 앞만 보고 달렸는데 왜 안 될까

나 자신을 객관적으로 돌아보고 퇴직 이후를 설계하자.
인생 기획은 지금까지 살아온 시점에서 앞으로
'무엇을 하며 어떻게 살 것인가?'에 대한 답을 찾는 과정이다.
철저한 기획만이 변화된 인생의 바람직한 솔루션을 선사할 수 있다.

K씨는 이제 몇 개월 후면 직장에서 은퇴를 하는 한 가족의 가장
이다. 다가오는 퇴직을 생각하면 그는 하루에도 몇 번씩 한숨이 지어진
다. 20여 년간 직장에 충성하며 정말 열심히 살았는데, 단 한번도 한눈
팔지 않고 그저 앞만 보고 달렸는데, 그런 자신에게 돌아온 건 결국 명
예퇴직이라는 것이 야속하기만 하다.

그렇게 성실하게 생활했지만 손에 쥐어진 것도 많지 않다. 작은 아파
트 한 채와 얼마 되지 않는 명퇴 자금이 고작이다. 아이들 교육비는 여
전한 부담으로 그를 옭아매는데, 그동안 K씨를 지탱해준 고정적인 수
익마저 차단된다면 중산층 아래로 떨어지는 건 이제 시간 문제다. 아직
은 일해야 하지만 평생 사무직에만 종사했던 그에게, 이렇다 내세울 만
한 특별한 기술이 없다는 게 재취업의 발목을 잡았다.

여기저기 이력서를 보내 보지만, 중년의 막바지에 이른 그에게 관심을

갖는 회사는 극히 드물었다. 자영업이나 창업도 생각했지만 경험이 전무하여 실패에 대한 두려움을 떨칠 수가 없었다. 전원생활을 위한 귀농도 고려했지만 도무지 엄두가 나지 않았다. K씨가 받고 있는 퇴직자 교육은 이러한 상황도 모르고 '열심히 일했으니 인생을 즐기라'는 당연한 이야기만 쏟아낸다. 그럴수록 그는 더 우울해지고 불안감은 커져 갔다. ▪

퇴직을 준비했는가

주위에 이런 사람들 참 많다. 규모의 경제 시대, 열심히 살아오신 우리들의 아버지 세대 이야기다. 1955년에서 1963년 사이에 태어난 200만 베이비 붐 세대, 이른바 '베이비 부머'들로, 고도 성장기에 일을 최우선하며 앞만 보고 달린 사람들이다. 정작 자신은 돌보지 않고 오로지 직장에만 충성한 그들이 이제 쓰나미처럼 퇴역 전선으로 쏟아져 나오고 있다.

그러나 이들 중 미리미리 제대로 퇴직을 준비한 사람들이 과연 얼마나 될까? 많은 퇴직자들이 현직일 때는 그저 열심히 일만 하다가 퇴직 직전이나 퇴직 후에 이르러서야 비로소 냉혹한 현실을 인식한다. 퇴직에 대한 기대는커녕, 무언가 새롭게 시작하기에 늦은 나이, 넉넉지 못한 재무 상태, 관계의 부피 감소, 체력의 감소 등으로 증폭된 불안감만 떠안는다. '이럴 줄 알았으면 앞만 보지 말고, 옆도 보고 뒤도 돌아볼걸' 하고 후회해봤자 소용없다. 사실 열심히 일하고 잘나갈 때 퇴직 후 어려운 상황을 어디 상상이나 하겠는가?

앞만 보고 달린 퇴직자, 또는 퇴직 예정자들에게 퇴직 이후의 불안감 극복과 이후 삶에 대한 물음과 답변은 가장 중요한 안건이 되었다. 베이비 붐 세대 직장 근로자 1,000여 명을 대상으로 퇴직 후 예상되는 어려움에 대해 한국보건사회연구원이 설문조사를 했더니, 1위가 '경제적 어려움', 2위가 '건강 문제', 3위가 '취미·여가 활동의 부재'였다. 물론 이러한 어려움은 퇴직자들의 상황에 따라 상대적이며 복합적인 어려움을 호소하는 사람들도 있을 수 있다.

어쨌든 아무런 조치 없이 성공적인 퇴직 또는 은퇴를 맞이하는 것은 거의 불가능하다는 현실에 직면한 것만은 사실이다. 그렇다면 퇴직 후 겪게 되는 불안한 심리적 간극을 조금이라도 줄이는 방법은 무엇일까? 그것은 전적으로 준비 여부에 달려 있다. 준비는 곧 퇴직 후의 방향성을 찾는 것, 인생에 대한 새로운 기획을 하는 것이다. 이른바 '인생 기획', 또는 '퇴직 기획'이다.

이러한 기획은 가급적 현직일 때, 현역일 때 마쳐야 한다. '현직일 때 열심히 일만 하라'는 말은 시대 착오적인 주장이다. 개인의 삶을 돌보지 않고 조직을 위해서만 희생하라는 조언은 퇴직 후 인생에서 패배하라는 위험한 조언과도 같다. 퇴직 이후 이기는 게임을 하기 위해서는 퇴직 전에 기획을 해야 한다. 직장이나 조직 생활을 하면서 미리미리 퇴직을 기획한 사람과 그렇지 않은 사람은 퇴직 시점에서 극과 극의 심리 상태를 겪게 될 것이다. 현실은 미리 인생 기획을 하지 않은 퇴직자들의 삶을 끈질기게 괴롭히며 대응하지 못한 실책을 처절하게 응징한다.

새로운 인생 기획을 해보자

현재를 살면서 앞으로 변화될 인생에 대한 기획이 비단 베이비붐 세대에게만 필요한 건 아니다.

누구나 새로운 삶에 대한 목표와 방향을 설정하고, 현상을 철저히 분석한 후, 다시 인생의 로드맵을 짜서 분야별 핵심을 잡고 세부적인 활동에 임해야 한다. 이것이 필자가 주장하는 인생 기획의 5단계 모형이다.

〈5단계 인생 기획 프로세스〉

퇴직 예정자를 예로 들어보자. 퇴직자들은 인생 기획의 포인트를 '퇴직 후의 삶을 어떻게 의미 있게 보낼 것인가'에 맞춰야 한다. 퇴직 후 우선 무엇을 할지 결정하는 것이 기획의 시작이다.

퇴직자들이 생각해야 할 콘텐츠는 크게 다음의 5가지다. ① 일 ② 관계 ③ 여가 ④ 재무 ⑤ 건강. 5가지 콘텐츠는 '국민연금공단'에서도 규정한 공식 범위로서 비중은 다르지만 각각 관리해야 할 부분이기도 하다.

　쉽게 이해하기 위해 인생 기획의 프로세스를 '귀농'에 대입해보자.

　퇴직 후 귀농하겠다고 마음먹었다면 일단 기획 방향을 잡은 것이다. 그러나 귀농을 새로운 일 개념으로 생각했다면 이에 따른 만반의 준비를 해야만 한다. 귀농을 그저 단순한 농사라고 생각했다가는 이후 실패는 불을 보듯 뻔하다. 무슨 농작물을 어떤 방식으로 재배하여 생산 활동을 할 것인지 먼저 정해야 한다.

　일 관리 측면 외 다른 4가지도 기획 시 고려 변수다. 귀농을 추구했을 때의 부부, 자녀, 친구 등의 관계 변화를 체크해야 하며, 취미나 여가 활동을 즐길 수 있는지도 생각해야 한다. 배우자가 반대하는 귀농을 굳이 고집했다가는 행여 잘못된 결과가 나왔을 때 비난의 덤터기를 쓸 수 있으니, 이를 관계상의 핵심 고려 요소로 삼아야 한다.

　귀농을 일이 아닌 취미나 여가 활동으로 목적화했다면 기획 방향은 또 달라진다. 귀농에 필요한 재무 여건이 되는지, 귀농을 해서 생활할 만한 건강 여건이 되는지도 방향 잡기 단계에서 판단한 후 궁극적으로 '귀농'이라는 새로운 인생의 최종 의사 결정을 해야 한다.

　결국 전원생활을 하기 위한 선택지로 '귀농'을 채택했다면 분석 단계에서 귀농에 임하는 나의 현재 상태, 주변의 상황과 여건, 자신이 정한 귀농지에 관련한 정보 등을 철저하게 분석하는 절차가 필요하다. 분석 과정에서 귀농의 타당성이나 합리성이 없으면 최초의 방향을 수정해야 한다.

전체적인 로드맵 설정은 언제 귀농을 해서 어떤 식으로 농촌에서 적응하며 살아갈 것인지 큰 틀을 짜는 것이고, 핵심 설계는 귀농에 필요한 핵심 역량과 자원을 갖추는 것이며, 세부 계획은 구체적인 귀농 스케줄링을 해보는 것이라 할 수 있다.

이렇게 철저한 기획 과정을 거쳐야만 앞만 보고 달리다가 후회와 번민에 빠지는 악순환을 예방할 수 있다. 우리가 어렴풋이 알고 있는 귀농은 '전원생활의 꿈'과 같지만, 기획 단계에서 철저한 준비와 노력을 기울이지 않으면 현실은 '객지생활의 악몽'이 될 수 있다. 실제로 귀농을 하려면 사전 지식으로 농학개론, 농업경제학, 곤충학, 재배학 등을 알아야 한다고 하지만, 의외로 회계학과 근로기준법, 그리고 유학儒學을 공부해야 한다는 말이 있다. 또 근로자가 귀농에 실패하는 이유의 대부분이 현지인들과의 교감과 소통 부족이라는 조사 결과도 있다고 하니 귀농 만만하게 보았다가 농촌의 워낭 소리가 아닌 가족들의 신음 소리를 들을 수 있다.

이처럼 인생에 대한 변화와 새로움이 펼쳐질 때는 기획을 해야 한다. 퇴직 후 '제2의 인생', '인생 2막', '인생 후반전', '인생 이모작', '인생 B플랜'이라는 같은 의미의 단어는 모두 '인생 기획'을 공통분모로 삼아야 한다. 나 자신을 객관적으로 돌아보고 퇴직 이후를 설계하자. 인생 기획은 지금까지 살아온 시점에서 앞으로 '무엇을 하며 어떻게 살 것인가?'에 대한 답을 찾는 과정이다. 철저한 기획만이 변화된 인생의 바람직한 솔루션을 선사할 수 있다.

〈퇴직자들의 관리 영역〉

자료 : 국민연금공단, 2018

02 준비되지 않은 시니어들의 비극

100세 시대에는 퇴직이나 은퇴 후에도 그동안 살아온 만큼의 인생 후반기를
보내야 한다. 어쩌면 남은 40~50년을 위해 20년을 일하고 준비해야 한다.
퇴직 후 행복한 사람이 진정한 인생의 고수다.

G이사는 중견 기업에서 잔뼈가 굵은 53세의 직장인이다.

회사의 살림살이를 도맡아 하는 관리직 임원으로 대표이사의 신임도
두텁다. 그는 중요한 의사 결정에도 꼭 참여할 만큼 회사에서 2인자임
을 자부한다. 그런데 대표이사의 건강이 나빠져 외국에 나갔던 2세의
복귀가 앞당겨지면서 회사에 묘한 기류가 흐르기 시작했다. 예상보다
빨리 2세에게 경영권 승계가 이뤄지면서 그를 보좌하는 임원들이 하나
둘씩 젊어지기 시작한 것이다.

더구나 40대 초 2세의 경영 체제는 50대인 G이사와 경영 노선에서
차이를 보였다. 새로운 경영자는 공격적인 경영 스타일을, G이사는 안
정 추구형 경영 전략을 추구했으니, 결국 힘의 논리에 밀려 G이사는 퇴
직을 맞았다.

정말 아무런 준비 없이 출근길이 막혔다. G이사는 막막했다. 일단 자

신이 무엇을 해야 할지 혼란스러웠다. 한동안 퇴직 사실을 숨기려 넥타이를 매고 집을 나가 지하철 노선을 순환하기도 했다. 힘들었다. 정장 차림으로 산행할 수도 있다는 것을 그때 실감했다. 일정 기간 동안은 퇴직금이 꼬박꼬박 들어오는 월급 행세를 할 수 있겠지만 그 이후를 생각하면 막막했다. 자녀들은 이제 대학생이 되어 그에 대한 의존도가 더욱 높아질 것이고 앞으로 아내와의 관계 변화도 걱정되었다. 그러나 무엇보다 더 심한 걱정은 그에게 이제 일이 없다는 것이었다. ■

리스크를 줄여야 한다

100세 시대에는 퇴직이나 은퇴 후에도 그동안 살아온 만큼의 인생 후반기를 보내야 한다. 어쩌면 남은 40~50년을 위해 20년을 일하고 준비해야 한다. 든든하고 걱정 없는 인생 후반기를 보내는 사람은 거의 없다. 퇴직 후 행복한 사람이 진정한 인생의 고수다. 고대 철학자 플라톤은 '인간이 행복하기 위한 5가지 조건'으로 다음을 꼽았다.

① 먹고살기 조금은 부족한 듯한 재산
② 모든 사람이 칭찬하기에는 약간 부족한 외모
③ 자신이 생각하는 것보다 절반밖에 인정받지 못하는 명예
④ 남과 경쟁할 때 한 사람에게는 이기고 두 사람에게는 질 정도의 체력

⑤ 연설할 때 절반 정도의 사람에게만 박수 받는 말 솜씨

이처럼 행복을 부족함으로 미화했는데, 사실 퇴직자 중 위의 조건에서 한두 개도 충족을 못하는 사람이 수두룩하다.

한마디로 'poor(결핍)' 인생이다. '자녀 poor', '신사업 poor', '건강 poor' 등 누구에게나 'poor'가 있다지만 퇴직할 때 'poor'는 곧 인생의 리스크다. 이는 평소에 단단히 준비함으로써 풀어나갈 수밖에 없다. 준비없이 제2, 제3의 인생을 맞이한다는 것은 그 자체가 모순이며 무모한 행위다. 준비하지 않은 만큼 고통과 비극이 따라올 수 있으며 퇴직과 동시에 '인생 리스크 관리' 과제가 부여되기 때문이다.

퇴직 후 리스크 요소로는 여러 가지가 있다. 친구가 없고, 건강이 나빠지고, 돈이 없거나, 일이 없는 것이다. 이러한 리스크는 복합적으로 온다. 가장 큰 비극은 아무런 목표도 없는 데다가, 시간은 많은데 돈은 없고, 일도 없는 것이다. 이는 거의 파산 수준이다. 돌아버리는 지경이라고 할 수 있다. 현직에 있을 때 퇴직 후에 대한 아무런 대비가 없다면 그 상황이 도래했을 때 심각한 혼돈 상태를 피해갈 수 없다.

퇴직 후 어떻게 먹고살지, 뭘 하고 살지, 누구를 만나고 살지는 단순하지만 반드시 되짚어야 할 화두다. 퇴직 후 집에만 있는 것은 감옥 생활과 다름없다. 잘못하면 직장에서도 밀려나고 가정에서도 퇴출될 수 있는 일촉즉발 상황에 처하게 된다. 그래서 퇴직 후에도

일단 일은 해야 한다. 특히 자진해서 퇴직한 사람들은 자신의 선택에 책임을 지고 일자리를 다시 거머쥐어야 한다. 어쩔 수 없이 떠밀렸거나 정년까지 만땅 채우고 퇴직이나 은퇴를 해서 다시 일하는데 어려움이 있다면, '일자리'는 없어도 뭔가를 하고 보낼 만한 '일거리'라도 있어야 한다. 안 그러면 심심해 죽거나 답답해 죽는다.

퇴직해서 그냥 손자 보고, 텃밭 가꾸고, 가벼운 취미 활동하면서 보내겠다는 사람이 있다. 하루 이틀이나 재밌지, 매일 계속해보라. 당장 어디론가 뛰쳐나가고 싶어질 것이다. 퇴직 후에는 하루에 3통의 전화가 온다고 한다. ①배우자 ②대출 안내 ③휴대폰 통신사 전화가 그것이라는 '웃픈(웃기고도 슬픈)' 이야기가 있다. 또 퇴직이 은퇴나 다름없다면 그 후에 '3D(3Decrease: 3가지 감소)'를 조심하라고 한다. ①일의 감소 ②소득의 감소 ③건강의 저하가 그것이다. 여기에 부모로서 자녀 양육과 자식으로서 늙은 부모까지 봉양하는 책임까지 더해지면, 퇴직 후 삶은 더욱 암울해진다.

다시 말하지만 우리는 현직에 있을 때 퇴직에 대한 철저한 방어 태세를 갖춰야 한다. 사람들은 항상 닥치고 나서 몰아서 걱정을 하고 호들갑을 떤다. 마치 지진에서 자유롭지 않은 지역인데도 평소에 전혀 신경 쓰지 않다가 정작 지진이 났을 때 우왕좌왕하는 꼴이다. 퇴직 후 리스크를 최소화하는 것은 평소 화재 예방을 위해 경보기와 소화기를 준비하는 것과 같다. 미리미리 대비책을 강구해야 한다. 퇴직 리스크로부터 자유로울 수 있는 가장 큰 보호 장치는 늘 현직을 유지하는 것이다. 하지만 그게 어디 쉬운 일인가?

예견된 상황이든, 예상치 못했든, 언젠가는 퇴직 리스크를 떠안게 된다. 그러니 그 충격이 크지 않도록 현직일 때 완충 장치를 마련했으면 한다. 현직일 때 착실하게 제대로 된 자기계발을 하고 미리미리 보다 향상된 변화 관리를 하여 평생 자신이 고용되도록 하는 것이 리스크를 줄이는 가장 현명한 방법이다. 어떤 형태로든 일은 할 수 있을 때까지 계속해야 하니까. 쭈~욱.

상실의 과정을 통해 성장하자

금수저가 아니고서야 퇴직이나 은퇴 후 여유로운 사람은 별로 없다. 일단 그동안의 익숙한 생활과 환경이 변화하니 어느 정도의 상실의 시대를 맞이할 것임은 분명하다. 퇴직을 한 후 시니어들은 알게 모르게 몇 단계의 심리 프로세스를 겪는다고 한다.

① 1단계 : 마음 동요 단계다. 갑작스러운 변화에 심적으로 부담되고 걱정도 된다.

② 2단계 : 박탈감 인지 단계다. 이전보다 기가 빠져 의기소침한다. 강제 퇴직이라면 분노도 경험한다.

③ 3단계 : 방황 또는 회복 기간. 양 갈래의 길을 가게 된다. 갈피를 못 잡고 적응을 못하거나, 현실을 직시하거나 낙관하고 이에 적응하려는 심리적 방어기재들이 발동한다.

④ 4단계 : 치유 또는 정체 및 악화 단계. 긍정적으로 모든 상황을 회복하고 새로

운 것을 찾아 새 출발하거나, 오랜 세월 동안 자리를 못 잡고 헤매거나, 영원히 회복하지 못하고 심지어 더 나쁜 지경에 빠진다.

〈퇴직 후 나타나는 퇴직자들의 심리적 변화〉

여기서 1, 2단계가 상실의 과정loss process인데, 이는 전환기적인 당연한 심리적 반응 전환 단계다. 이때가 가장 중요하다. 바로 퇴직 후 문제 해결의 골든타임인 셈이다. 경찰의 사건사고 처리에 비유하자면 바로 '초동대응'이다. 도식에서도 나왔지만 이 단계에서 마음을 잘 다스려 회복에 성공하면 긍정적인 결과를 기대할 수 있지만, 갈피를 못 잡고 방황하면 영원히 회복하지 못하거나 더 끔찍한 부정적인 결과를 맞이할 수 있다. 결론은 상실의 시대를 잘 극복해야 한다는 것이다.

사실 우리는 이미 상당한 상실의 시대를 살아왔다. 우리가 90세까지 산다고 가정했을 때, 50세까지는 어떤 관점에서 보면 멋도 모르고 산 기간이다. 이중 상당 부분인 20~30년 정도가 내 의지대로 살지 않던 '상실의 시대'였던 것이다. 초·중·고등학교 12년, 대학 입학과 졸업, 그리고 취업 준비(남자의 경우 군복무) 평균 7년, 그리고 직장 생활과 그곳에서 자리잡기까지 5~10년을 돌이켜보면 결국 50세 이후 40년 정도의 인생 후반부가 비로소 내 의지대로, 내가 개척하며 사는 시대라고 할 수 있다.

그런데 아이러니하게도 이러한 나의 시대가 더 살기 어렵고 힘들다. 남은 40년 동안 하루 24시간 중 13시간을 잠자기와 식사에 할애하고 개인 시간을 11시간을 확보한다 해도, 퇴직 후 우리는 12만 시간을 더 보내야 한다. 이 시간을 어떻게 잘 보내느냐가 진정한 나의 '삶의 질Quality of life'을 결정한다. 삶의 질이 더 향상될 수 있는 확률은 적더라도 현저하게 낮아지는 것만은 막아야 한다. 삶이 나락으로 굴러떨어지는 것만은 기필코 피해야 한다. 정글의 늪에 빠지더라도 정신 똑바로 차리고 대응할 수 있도록 평소에 대비 태세를 갖춰야 최악의 사태를 면할 수 있다. 준비된 퇴직이 그래서 중요하다.

빙하의 갈라진 틈을 '크레바스crevasse'라고 한다. 여기는 정글의 늪보다 더 지독하다. 한두 번 허우적거릴 틈도 주지 않고 끝없는 암흑의 공간으로 추락하게 하고 만다. 인생에서 이러한 크레바스에 빠지는 경우가 5가지 있다고 한다. ①이직 또는 퇴직 ②창업 ③사기 ④질병 ⑤가족(이혼 또는 자녀의 말썽). 보라, 가장 무서운 녀석이 이직과 퇴직이다. 일단 빠지지 않도록 해야 하지만, 빠져도 벗어날 수 있는 웅덩이 또는 수렁이어야 한다. 준비하지 않고 맞이하는 이직이나 퇴직은 크레바스이고, 준비된 이직이나 퇴직은 웅덩이 또는 수렁이라고 할 수 있다. 웅덩이 또는 수렁에 빠지면 '학습 효과'에 의해 다시 빠지지 않도록 주의하면 된다. 그렇게 함으로서 인생의 뒷부분은 상실이 아닌 성장으로 가야 한다. 퇴직이나 은퇴 기획은 크레바스로부터 벗어나 나의 닫힌 성장판을 다시 여는 활동이다. 이를 여는 힘은 강한 멘탈뿐이다.

아무리 강인한 사람도 퇴직하면 무너질 수 있다. 멘탈이 무너지면 소위 말하는 '멘붕'이 온다. 멘붕은 퇴직 후 또다시 상실감을 생성한다. 나에게 계급장, 간판, 장신구들을 다 떼어내도 남아있는 것은 정신 상태(멘탈)이다. 멘탈은 살아있어야 한다. 멘탈이 무너지면 아무것도 못한다. 멘탈 갑까지는 바라지 않는다. 평상시 수준의 멘탈만 잘 유지하면 된다. 제2의 인생, 인생 후반전, 인생2, 3모작을 향해 뚜벅뚜벅 다시 걸어가야 한다는 의지가 시니어들의 비극을 막는 마지막 '멘탈 카드'다.

퇴직은 비참함이 아니라 당당함이다. 생활의 플랫폼은 변해도 상황에 주눅 들어서는 곤란하다. 체면치레하며 주변을 의식하지도 말자. 답은 오직 내 의지에 있다. 평일에 음식물 쓰레기를 버리는 것이 부끄러워 엘리베이터가 아닌 계단을 이용하려 한다면, 이는 다시 상실의 시대를 살아가려는 것이다. 퇴직이나 은퇴가 인생에서의 퇴직이나 은퇴를 뜻하는 것은 아니다. 직장에서 퇴직은 있더라도 인생에서의 자발적 퇴직은 없다. 평생 현역으로 살아가는 것이 가장

이상적이지만, 그렇지 않더라도 마음만은 평생 현역처럼 살아가야
한다. 몸은 이미 퇴직했어도 말이다. 그래야만 '슬기로운 퇴직, 또는
은퇴 생활'을 할 수 있다.

03 왜 평생 현역이어야 하는가

앞으로의 대비책으로 미래 먹거리 1기를 꼭 마련해야 한다. 그리고 이러한
먹거리를 갖추기 위한 노력은 빠르면 빠를수록 좋다. 우리는 이제 입사와 동시에
퇴직 카운트다운을 해야 한다. 미래 먹거리 1기는 입사 후부터 조금씩 구상하여
스타트해야 하고, 퇴직 5년 전부터는 골든타임으로 가속도가 붙어야 한다.

L씨는 건설 장비를 만들어 외국으로 수출하는 중장비 제조회사의
관리자다.

중국의 수요가 확대되면서 L씨와 회사는 더 바빠졌다. 지게차, 포크레
인 등을 견적하여 입출입하는 일에 하루가 어떻게 지나가는지도 모르
고 일했다. 높은 중국 시장 점유율 때문에 회사는 매출이 올라 즐거운
비명을 질렀고, 바쁘지만 L씨도 신났다. 그러나 '산이 높으면 골이 깊다'
는 말이 실감날 정도로 얼마 후 매출은 곤두박질쳤고 중국 시장에 거의
'올인'한 회사는 휘청거리기 시작했다. 국내 미사일 기지인 '사드배치'
때문에 정부와 대립각을 세운 중국이 보복성으로 일감을 주지 않았기
때문이다.

설마설마했는데 회사는 구조 조정으로 생존하려는 몸부림을 쳤고, 그
희생양으로 L씨는 하루아침에 실직자가 되었다. L씨는 여러 방면으로

일자리를 찾아보았다. 그러나 관리직이었던 그에게 러브콜을 주는 곳은 아무데도 없었다. 중국과 사업한 경험 때문에 무역회사에서 관심을 갖는 듯하다가도 그의 서툰 중국어 실력을 확인한 후에는 최종 면접의 문을 열어주지 않았다.

그는 중장비 개수를 파악하고 관리 점검하는 일 이외에는 정말 아무 것도 할 수 있는 게 없었다. ▪

가늘고 긴 현직 생활이 답이다

공무원, 교사, 군인, 공기업 근무자들이 부러운 세상이 되었다. 무엇보다 이들은 정년이 보장되는, 고용 불안으로부터 보호받는 보험에 가입되어 있기 때문이다. 각자의 삶에서 힘든 고충이야 있겠지만 그래도 이른바 '평생 직장'에 가까운 현직 생활이 가능한 이 직업군에 선망의 눈초리를 보내고, 일찍이 이 직업을 선택하고 준비한 친구들에게 '선견지명'이 있었음을 칭찬하는 등, 안정지향적 직업을 꿈꾸는 우리 사회 기조는 당분간 변하지 않을 것 같다.

참 막막한 현실이지만 이미 젊은이들의 꿈이 '공무원'인 나라가 되었고, 수많은 공공 직업군에 해마다 몇십만 명의 지원자가 몰리고 있다. 공무원 시험, 교사 임용 시험에서 삼수생, 사수생은 주변에서 흔히 볼 수 있을 정도다. 불과 몇십 년 전만 해도 '굵고 짧게 가자'라는 직장 생활의 패러다임이 지배적이었는데, '가늘고 길게 살자'라는 인식으로 전환되었고, 이는 선회하기 힘든 사고의 틀로 굳어졌다.

1990년대 중반에 필자는 직업 군인이었다. 그것도 군인으로서 최고의 엘리트를 양성하는 '육군사관학교'를 졸업하고 푸른 군복을 입고 전후방을 누볐다. 그런데 군복무 5년차, 사회 진출의 기회가 주어지는 제도에 동기들이 많이 현혹되었다. 필자도 그중 한 명이었다. 졸업 동기 303명 중에 5년차에 전역 지원서를 낸 동기가 60명이 넘었는데, 당시의 사회 환경이 공직자들보다 일반 직장인, 직장인들보다 사업자들에게 경제적으로나 상황적으로나 유리함을 제공했기 때문이다.

지금처럼 취업 절벽이 펼쳐지기는커녕, 차려진 밥상처럼 골라서 갈 수 있는 회사들이 널린 표면적 경기 호황 덕에 필자도 군 장교 출신이라는 스펙 하나만 가지고 대기업에 입사했다. 전역한 동기들 모두 출발이 좋았다. 남아있는 현역 동기들은 5년차에 일찍 전역하는 동기들을 보고 부러워했다. 참 대단한 용기라며 엄지를 치켜세웠다. 그러나 그로부터 20여 년이 지난 지금, 상황은 완전히 역전되었다. 전역한 동기들이 현역 동기들을 부러워한다. 필자 또한 군에 남아있는 동기들의 두 가지가 부럽다. 하나는 어쨌든 정년까지 달릴 수 있다는 것, 또 하나는 생계를 해결할 수 있는 '연금' 혜택이 있다는 것이 너무 부럽다. 전역 지원서를 낼 당시에, 현재 연금 지급 기준으로 계산해볼 때 30년 군복무를 한 봉사의 댓가로 평생 매월 400만 원 가까이 나오는 연금을 대수롭게만 생각했어도 필자도 군

생활을 일찍 접지 않았을 것이다. 현직일 때 여군 장교와 결혼해서 퇴직 후 쌍 연금을 받게 되는 동기는 부러움의 극치다. 그의 신의 한 수(?)에 깊은 찬사를 보낸다.

그래도 필자는 강사로서 꾸준히 이 분야에서 이름을 알리고 있지만, 60여 명의 전역 동기 중 상황이 계속 나아진 동기는 절반도 되지 않는다. 사업의 성공을 기대하며 '굵고 짧게'의 인생 키워드를 눌렀던 동기 중 설익은 사업 경험에 실패를 맛보고 지금껏 연락이 닿지 않거나 차마 말은 하지 않지만 내내 과거 군생활의 향수를 그리워하는 동기들이 적지 않다.

현직을 다 채우지 못하고 꿈꾸는 퇴직은 무지갯빛 환상이다. 더 나은 것을 향해 박차고 나온 현직문은 보다 나은 퇴직 후의 새로운 문을 쉽게 열어주지 않는다. 그러니 직장이나 조직에서 밀어내기 전까지는 절대 나오지 말아야 한다. 역량을 갖추고 준비가 되었다고 해도 퇴직은 우선 고려의 대상이 아니다. 설령 대기 발령을 받아도 이를 악물고 책상을 붙잡고 버틸 수 있을 때까지 매달려야 한다. '박수칠 때 떠난다'라고도 하는데, 이는 위험한 행위다. 직장에서 박수쳐 줄 때는 그 상황을 즐겨야지, 왜 떠나는가? 굳이 퇴직을 한다면 가늘고 길게 갈 수 있는 직장으로 수평이동을 하길 바란다.

한편, 퇴직하는 순간 그동안 누렸던 거의 모든 편의장치는 잃게 된다고 봐야 한다. 직장에서의 연봉 5천만 원 효과는 직장을 벗어나서는 이보다 1.6배인 8천만 원을 벌어야 상응할 수 있다. 매달 임대료와 관리비 등의 고정비 때문에 직장 생활만큼의 이익을 벌어야 한다면 직장 다닐 때보다 곱절의 노동력을 투입해야 하고, 행여 사람이라도 쓰게 되면 한 사람당 1배씩 늘어나는 연봉액의 증가에 매일 비명을 질러야 한다. 회사에 있을 때 마음껏 썼던 A4용지와 딱풀 1개도, 나오면 아쉽다. 사업한다면 이것도 다 비용이다. 일단 모두 사서 써야 하기 때문이다.

'회사는 전쟁터이지만 밖은 정글'이라는 말이 있다. 하지만 이 말은 '회사는 전쟁터이지만 밖은 지옥'이라는 더 무시무시한 말로 바꿔야 한다. 이른바 '헬조선'이라는 말은 취준생뿐 아니라, 퇴직자에게도 해당된다. 직장 또는 회사는 전쟁터이지만 조직력(조직 구성, 시스템)이 있고, 무기(도구, 비용)가 있고, 전우(동료)가 있다. 하지만 개인 사업은 맨몸으로 무기도 전우도 없이 헤쳐 나가야 한다.

"자신이 좋아하는 일을 하라", "행복하지 않다면 직장을 그만둬라"라고 말하는 것은 무책임한 발언이다. 그렇게 저지르고 나오면 나를 케어할 수 있단 말인가? 웬만하면 직장 생활, 그리고 엔간하면 지금 현 직장에서 자석처럼 붙어있자. 그리고 '가늘고 길게'를 모토로 버티고, 버티고, 또 버텨야 한다.

고대 중국의 손무가 《손자병법》에서 이르기를 '진정한 전쟁의 고수는 일단 전쟁을 피하는 것'이라고 했다. 직장에서의 진정한 고수 또한 '되도록 퇴직을 피하고 정년까지 버티는 것'이다. 한마디로 살아남는 자가 버티는 게 아니고, 버티는 자가 살아남는다.

필자가 강의를 가면 직장인들에게 꼭 들려주는 말이 있다. 어떤 때는 학습자에게 크게 따라하라고도 시킨다.

"가늘고 길게 가자! 직장 그만두면, 개고생한다!"

현직일 때 또 하나의 '먹거리 1기'를 만들어라

가장 안타까운 것은 직장을 그만두었을 때 그 직장에서 수행했던 일 말고는 아무것도 할 줄 아는 게 없다는 데 있다. 앞의 사례처럼 산업용 기계를 관리하는 일을 했던 사람은 잡고 있던 그 직장의 동아줄이 없어지면 다시 잡을 수 있는 썩은 동아줄조차 없다. 내가 퇴직을 했을 때, 설령 은퇴를 했더라도 내가 먹고사는 데 쓰일 하나 정도의 뭔가는 갖고 있어야 한다.

바로 현직일 때 준비하는 나의 '미래 먹거리 1기技'인 셈이다. 이는 미래에 나를 먹여 살릴 수 있는 나의 기술 또는 역량이다. 퇴직 후에야 이를 준비한다는 것은 너무 늦다. 마치 정류장을 지나친 버스를 쫓아가며 태워달라고 아우성치는 것과 같다. 그때 가서 발버둥친다고 해서 버스가 정차할지, 무시하고 달릴지 불확실하다.

'Step by step(한 단계씩)'이다. 현직일 때부터 천천히 준비해야 한다. 그 먹거리가 지금 하는 일과 연계되었다면 바람직하겠지만 향후 나의 밥그릇에 도움이 된다면 테마는 자유롭게 정해도 상관없다.

필자가 아는 어느 공무원은 공직에 근무하면서 자동차에 관심이 많았다. 그것도 어느 특정 계열의 자동차에 집중했고, 급기야 자동차 프로그램 세팅(코딩) 영역까지 넘보는 수준이 되었다. 외제차들은 국내에 시판되면서 일부 기능이 차단된 설정으로 들어온다. 그는 이러한 비활성화된 부분을 간단한 프로그램 코딩을 통해서 활성화시켜 주는 것을 능수능란하게 하게 되었고 이러한 능력은 공직을 그만둔 후에도 든든한 그의 밥벌이가 되어주었다. 없던 기능이 추가되는 것에 자동차 소유주들의 코딩 수요는 늘었다. 공직일 때 자동차 동호회에서 무료 코딩 서비스를 제공하는 식으로 능력을 발휘하다가 코딩 전문가로 소문이 나서 공직을 그만둔 지금은 전문 업체를 차려 왕성하게 활동하고 있다.

필자도 대기업 인재개발원에 근무할 때 미래 먹거리 1기로서 강의력을 갈고 닦았다. 관심 있는 분야를 공부하고, 사내 강사 과정도 착실히 밟고, 과정을 만들어 일부는 직접 강의하려는 욕심도 부렸다. 그 결과, 퇴사 후부터 지금껏 경쟁력 있는 강사로서 먹고살고 있다.

앞으로의 대비책으로 미래 먹거리 1기를 꼭 마련해야 한다. 아직 피부에 와닿지 않더라도 미래의 밥을 먹여주는 것이니 어물쩍거리다가는 큰 코 다친다. 돈벌이 수단인 만큼 상대방이나 고객이 기꺼이 돈을 지불할 수준까지 갖춰야 한다. 그리고 이러한 먹거리를 갖추기 위한 노력은 빠르면 빠를수록 좋다. 우리는 이제 입사와 동시에 퇴직 카운트다운을 해야 한다. 미래 먹거리 1기는 입사 후부터 조금씩 구상하여 스타트해야 하고, 퇴직 5년 전부터는 골든타임으로 가속도가 붙어야 한다. 이는 현직에서는 '투잡two job'이 되고 퇴직해서는 '전문잡expert job'이 되어줄 수 있다.

당장 무엇을 해야 할지 모르겠다면 나에게 맞는 기술을 어디서 알려주는지 찾아보도록 하자. 기술기능별로 협회나 사설단체도 많지만 이보다는 공공 기관의 지원 루트를 살펴보면 도움이 될 수 있다. 최근에는 시니어들의 기술 교육을 도와주는 창구도 많이 생겼다. 이 책의 뒷부분에 부록으로 다양한 관련 정보를 삽입했으니, 미리미리 준비하면서 기회가 주어질 때 혜택을 받아보도록 하자.

04 대체재의 위협에 방어하는 법

대표적인 대체재는 저가 노동력과 AI다. 직장인들이 가장 조심해야 할
위험 증후군이다. 대체재의 위협으로부터 나를 지키는 것이 곧
나의 생존 역량이며, 자기계발의 방향이라고 할 수 있다.

모 증권회사에 다니는 D부장은 요즘 우울하다. 물론 증시는 늘
오락가락하지만, 자신이 공들여 쓴 보고서를 통해 추천한 종목이 실질
장세에서 반대 흐름을 보이면서 투자자들로부터 적잖은 질책을 받았기
때문이다. 펀드 매니저로 수년 동안 증권가에서 잔뼈가 굵었지만 요즘
처럼 복잡한 변동성 장세에 수익을 예측하기는 더욱 어렵고, 어떤 때는
잘못된 의사 결정으로 손실이 발생하여 '내가 정말 투자 전문가인가?'
라는 회의감에 빠져들 때도 있다.

최근에 본사에서는 이른바 '로봇 어드바이저'라는 인공지능AI 투자도
우미를 도입했는데, 수많은 빅데이터를 단번에 분석하는 능력 덕에 수
익률에서 마이너스를 기록하지 않는다고 한다. 그는 이제 자신이 인공
지능보다 못할지 모른다는 불안감과 무기력함에 잠을 이루지 못하는
날이 많아졌다. ■

여차하는 순간 대체재에 밀린다

수십 년 동안 내가 하는 일을 갓 들어온 신입사원이 똑같이 해낸다고 생각해보자. 나의 일 상당 부분을 감정이라고는 눈곱만큼도 없는 AI가 처리한다고 가정해보자. 하루아침에 '나'라는 존재감은 투명인간처럼 여겨지고 말 것이다.

대표적인 대체재는 저가 노동력과 AI다. 직장인들이 가장 조심해야 할 위험증후군이다. 대체재의 위협으로부터 나를 지키는 것이 곧 나의 생존 역량이며, 자기계발의 방향이라고 할 수 있다.

조직은 대체재가 더 우수하다면, 더구나 그 대체재의 활용이 훨씬 더 경제적이라면 두말없이 그것을 이용할 준비가 되어있다. 주차장을 예로 들어보자. 제아무리 좋은 주차 관리 능력을 갖고 있어도 자동 주차 인식과 유도, 또는 차단 기계를 우리가 당해내지 못한다. 주차요원 몇 년의 인건비만으로 현재의 기계 값 지불을 감내할 수 있다면 이후 인건비 절감을 위해 기업들은 선택을 마다할 이유가 없다. 기술적인 면에서의 대체재는 더욱 심각하다. 이른바 '와해성 기술'이라는 말이 있다. 시간이 지나면서 신기술이 이전 기술을 침범하여 와해시킨다는 것인데, 예컨대 스마트폰이 등장하면서 이전의 피처폰 기술이 와해된 것과 같은 것이다.

기업들에게 이러한 개념은 살벌한 수준이다. 하루아침에 더 좋은 제품이 나와 이전의 제품 기술을 와르르 무너뜨린다. 와해성 기술을 갖고 있던 기업은 하루아침에 망하고, 그 기술만을 지닌 기술자는 졸지에 퇴직자가 되어버리는 현실에 우리는 늘 긴장해야 한다.

또한 이러한 기계와 기술에 의한 대체만 있는 걸까? 경험에 입각하여 일반 기획서 작성 능력이 탁월하다고 생각한 김 과장이 파워포인트 활용과 동영상 편집에 요술을 부리는 엊그제 입사한 옆 부서 신세대 직원의 비주얼 기획안에 번번이 밀린다면 김 과장은 조심스레 퇴직을 걱정해야 할 지도 모른다. 물론 내가 하는 일의 영역이 저가 노동력이나 AI로 대체된다는 것에 의심을 품거나, 정년을 보장받으니 대체재의 침범 따위에는 크게 위기 의식을 갖지 못하는 사람들이 있다. 그러나 이런 생각을 해보지는 않았는가? 정년이 보장되더라도 일다운 일을 하지 못하는 위치로 전락한다면 현실 안주가 최선책만은 아니라는 사실에 동조할 수밖에 없을 것이다.

특히 제4차 산업혁명이 우리 사회에 서서히 스며들면서 우리 직업이 AI로 대체되어 재편될 수 있다는 위협은 밀어내기 식으로 앞으로 더욱 많은 퇴직자들을 양산하게 될 것이다. 글로벌 미래를 연구하고 예측하는, 비교적 공신력 있는 미래 연감인 〈유엔미래보고서 2030〉에 꽤나 설득력 있는 분석 자료가 실렸다. 다가오는 2030년에는 현재 직업의 41% 이상이 재편되고, 그중 대체 가능한 직업은 역사의 뒤안길로 사라진다는 주장이다. 즉, 수많은 전문가들이 이대로만 가면 앞으로 10년 이내에 AI가 인간의 음성 대부분을 흉내내고, 그 이후로 10년 동안은 단순 노동 분야를 대체하며, 그 다음 10년 동안은 인간 고유의 영역을 제외한 모든 부문을 침범할 수 있다고 분석한다.

안 그래도 요즘 퇴직자들이 어려운 재취업 때문에 고민인데, 앞으로 AI와도 일자리 경쟁을 벌여야 한다니, 암울한 경고성 메시지처럼 들린다. 그러나 이는 분명 다가오는 현실이 될 수 있다. 앞으로 이 거대한 대체재의 습격에 우리는 어떻게 대처해야 할까?

대체되지 않는 부분으로 나 자신을 전략화하라

최근 자발적 퇴직뿐 아니라 명퇴, 심지어 '강퇴(강제 퇴직)'까지 당하는 사람들을 보라. 모두가 그런 것은 아니지만 대체재의 위기로부터 자기 자신을 지키지 못한 케이스가 상당 부분이다. 후배에게 밀리고, 저가 노동 인력에 대체되고 더욱 수치스럽게 AI에게 떠밀린다. 무엇보다 내가 인간도 아닌 AI에게 밀린다면 얼마나 창피한 노릇인가? '이런 AI만도 못한……' 말을 들어서야 되겠는가?

그렇다면 대체재의 위협으로부터 나를 방어하는 실행 전략을 찾아보자. 해답은 하나다. 굳건한 나 자신의 역량을 계발해서 저가 노동력이나 AI 등이 감히 대체재가 되지 못하도록 지키는 일이다.

AI의 경우를 먼저 생각해보자. AI 로봇이 다음 세 가지를 하게 되면 인간은 망한다고 했다. 첫째, 의사 결정을 하게 되고, 둘째, 눈치를 보는 것이 가능해지고, 셋째, 아부를 하게 되는 것. 이는 분명 인간의 창의적인 자율 의지 영역이다. 로봇 자체의 학습 구조는 있더라도 공학도들은 로봇이 인간 고유의 이러한 영역까지 파고들게 알고리즘을 짜지는 않을 것이다. 그러면 위의 말대로 인간은 전혀 할 일이 없게 되니까.

이제 거꾸로 실행 전략을 수립해보자. AI 로봇으로부터 나를 방어하는 유일한 방법은 이러한 로봇이 감히 따라잡지 못하는 인간만이 할 수 있는 부분을 더욱 견고하게 지키고 발전시키는 것이다. 내가 하는 일에서 비단 AI뿐 아니라 어느 누구도 대체하지 못하는 나 자신의 입지를 고수하는 일이다. 고난도의 기술이거나 창의적인 기획이나 문제 해결, 감성적이고 인간적인 판단을 요구하는 일이면 적합하다. 그래야만 대체재의 압박을 무력화할 수 있고 직장에서 자신의 존재감도 높아진다.

예를 들어, 나 자신이 인사 업무를 한다면 창의적인 인사제도나 연봉제 협상과 같은 고난이도 영역을 개발하여 AI의 공격을 합리적으로 방어하고, 서비스 업무를 한다면, 감성 서비스나 리더십 또는 코칭 쪽으로 콘텐츠를 특화시켜 대체재의 침입을 허락하지 않는 것이다. 대체재의 위협을 제거할 수 있을 때 퇴직의 공포 또한 효과적으로 방어될 수 있다. '전국노래자랑' 장수 프로그램 진행으로 유명한 송해 씨는 90을 훌쩍 넘긴 나이에도 왕성한 MC 활동을 하고 있다. 인간적인 그의 편안한 진행은 40년 가까이 그 프로그램의 '대체 불가' MC라는 이미지를 주었다. 중간에 젊은 MC로 교체되기도 했지만, 시청자들의 요구로 다시 컴백했으니, 대단한 현역 노익장의 과시가 아닐 수 없다.

퇴직을 준비하는 사람들은 새로운 일자리를 찾고 인생을 재설계하기에 앞서, 이러한 부문을 분명히 간과해야 한다. 퇴직 후 일자리 또한 대체되는 세상에서 중단하지 않고 내가 할 수 있는 틈새 일자리를 찾아야만 한다. 저가 노동력이 아닌 나만이 할 수 있는 고가의 전문성을 확보하고, AI에 의해 직업이 소멸되더라도 살아남을 수 있는 직업을 선택하고, 재편된 직업 내에서는 내가 할 수 있는 지속 가능한 고유 영역을 찾아 발전시켜야 한다.

지금부터 천천히 대체재에 밀리지 않도록 나의 '밀림 방지 프로젝트'를 가동해보자. 단계적으로 전문학위를 받거나, 자격증을 획득하고, 나만의 노하우를 개발하는 등 좌우지간 할 수 있는 것, 지킬 수 있는 것을 최대한 모두 해보자. 나 말고는 지금 딱히 대체재가 없더라도, 앞으로도 저가 노동력이나 AI가 나의 경쟁 상대조차 되지 못하도록 나의 역량을 개발하고 보유하도록 하자. 어쨌거나 퇴직 이후의 나의 일에 값싼 노동력이나 AI 따위가 전혀 영향력을 발휘하지 못하도록 만들고 볼 일이다.

05 대세는 워라밸, 워라밸 인생 기획

미리미리 현직일 때 워라밸 워밍업을 해서 그 기조가 퇴직 후에도
이어지도록 해야 한다. 일 관리를 먼저 하자. 일이 없으면 워라밸도 없다.
현직에 있을 때보다, 퇴직 후 워라밸 인생을 살 수 있도록 평소에
나름대로의 워라밸 인생을 체험하면서 다양한 준비를 병행하자.

B팀장은 중견 벤처기업에 다닌다. 휴대폰 게임 애플리케이션을
만드는 회사다. 그의 업무는 거의 프로젝트성에 가깝다. 개발 일정을 관
리하다 보면 야근은 물론, 밤을 지새우는 경우가 허다하다. B팀장은 하
루 일과 중 대부분의 시간을 회사에서 보냈고 업무 패턴은 늘 일정했다.
사람들은 야간에도 환하게 불을 켜고 작업하는 그들을 '오징어잡이 배'
라고 불렀다.

그러나 정부의 '주 52시간 근무제 시행' 정책과 맞물려 일과 삶의 균
형을 찾자는 '워라밸(Work & Life Balance: 일과 생활의 균형)' 운동이 기업
으로 확산되면서 B팀장은 마음이 동요되었다. 줄기찬 야근에 염증이 난
그는 주 52시간 근무제가 의무적으로 시행되는 대기업이나 공기업으
로 이직을 희망했다. '저녁이 있는 삶'과 '정시 퇴근'을 즐기려는 기대감
이 그의 등을 떠밀더니 결국, 대책 없이 직장 생활을 그만두게 되었다.

그러나 두 눈 부릅뜨고 노력해도 중년인 자신에게 워라밸을 보장해줄 직장을 찾는 것은 쉽지 않은 일이었다. 일이 없는 그에게 워라밸은 한낱 공허한 메아리에 불과했다. ▪

일을 하고 있어야 워라밸을 실현할 수 있다

사실 일과 삶의 균형을 찾자는 '워라밸'은 1970년대 영국에서 나온 말이다. 일에만 매달리다 보면 사생활의 보장이 힘들어 균형이 깨지니 양자의 균형을 맞추자는 취지에서 비롯되었다. OECD 국가 중 연간 노동 시간이 2,000시간이 훌쩍 넘어 거의 올림픽 메달 박스감인 우리나라에 진정 워라밸은 필요하고, 관련 법규를 통해 실현할 수 있는 환경을 조성하는 것이 마땅하다. 그러나 워라밸은 단 한 가지, 일을 제대로 했을 때를 전제로 해야 한다. 자신의 일에 능숙하여 '이제 그만 쉬는 쪽에도 시간을 배분하세요' 또는 '오래 일하지 않아도 지장 없으면 일 빨리하고 후딱 집에 가서 자신의 생활을 즐겨보세요'라는 의미를 담고 있는 것이다. 글쎄, 업무 특정상 일하는 시간이 불규칙한 사람들에게도 일률적으로 일과 생활의 균형부터 맞추라고 해야 하는 걸까? 물론 이에 대한 대안으로 일하는 시간을 탄력적으로 조절하는 유연근무제가 있긴 하지만, 이 또한 나 자신이 일을 자유자재로 조절할 수 있을 때나 가능하지 않을까?

'효율적으로 똑똑하게 일하고 제대로 쉬자'는 워라밸의 취지가 무조건 정시 퇴근과 저녁이 있는 삶을 보장하는 것도 아니다. 일을 찾고 있는 퇴직 예정자와 퇴직자, 심지어 실업자들에게 워라밸은 이상에 불과할 수 있다. 퇴직 또는 은퇴를 해서 매일 강제적으로 사생활만이 남은 사람들에게 일과 삶의 균형 감각을 논하는 것은 왠지 실례인 듯싶다. 꿈과 이상은 워라밸로 나아가려 하지만 현실은 일하라고 끊임없이 퇴직자들의 멱살을 잡고 끌고 다닌다.

따라서 퇴직 후 워라밸의 운을 띄우기가 여의치 않을 수 있으니 미리미리 현직일 때 워라밸 워밍업을 해서 그 기조가 퇴직 후에도 이어지도록 해야 한다. 우선 현재 내가 몸담은 직장에서 일에 대한 꼬인 실타래를 풀고 나서 워라밸에 동참하거나 향후 워라밸 운동에 앞장서는 것이 좋을 듯하다.

일 관리를 먼저 하자. 일이 없으면 워라밸도 없다. 일이라는 균형추가 무너지면 생활과 조율하기조차 힘들어져 결국 '워라밸Work & Life Balance'이 아니라 '워라언밸Work & Life Unbalance'이 되고 만다.

개인적으로 일이 더 소중하기에, 양자의 균형을 맞추려는 '워라밸'보다는 일을 중심으로 삶이 적절하게 어울려 조화를 이루는 '워라하Work & Life Harmony'를 주장하고 싶다. 퇴직 후에도 일은 기본이다. 일하면서 내 생활을 즐겨야 함이 모범 답안인 것이다.

나 자신을 위한 워라밸을 기획하자

'레밍 딜레마'라는 말이 있다. 특별한 이유 없이 무분별하게 남을 따라하는 행동을 비유하는 말이다. 우리 속담 중 '친구 따라 강남 간다'는 말과 좀 유사하다고 할까? 주위에서 워라밸을 한다고 그저 따라가는 워라밸이 되어서는 곤란하다. 워라밸마저 남의 눈치를 보며 할 것인가? 내가 준비되고, 할 수 있다면 자신 있게 나를 위한 워라밸이 되어야 한다. 남들이 열심히 일하고 퇴근해서 너도 나도 어학 공부와 직무 관련 분야 독서 등의 자기계발과 도움 되는 취미 생활에 매달릴 때 나는 당당하게 "내 취미는 숨쉬기야", "나는 집에 가서 그냥 멍 때릴래"라고 말할 수 있는 용기가 필요하다.

진정한 워라밸을 찾는 사람들을 '워라밸러스'라고 하는데 이러한 워라밸러스의 활동 분야 또한 매우 다양하다. 이 역시 일은 무난하다는 전제하에 생활 속에서 삶을 즐기는 부분이다. 소셜 빅데이터 전문 기관에서 조사한 바에 의하면 워라밸러스의 활동 분야는 다섯 가지로 구분된다.*

① 집이 좋아서 육아 및 가정 활동에서 균형을 찾으려는 '홈매니저형'
② 뭐든 만나고 볼 일, 여행이나 모임 파티를 즐기는 '사교형'
③ 헬스나 운동을 통해 몸짱 만들기에 도전하는 '헐크형'(주로 남성에 해당)
④ 손재주가 있어서 공예, 그림, 꽃꽂이 등을 즐기는 '금손형'

---

* 이노션 월드와이드, 〈소셜 빅데이터 분석 보고서〉, 2018년.

⑤ 마사지나 피부 관리 등으로 항상 나를 예쁘게 가꾸려는 '뷰티형'

　이 다섯 가지 분야에서 나에게 맞는 워라밸을 찾아 실천하는 워라밸 인생 기획을 해야 한다. 가령 내가 헬스나 운동을 즐겨 하는 '헐크형'을 추구한다면 일 외적인 부분에서 우선적으로 몸짱 만들기 프로젝트를 가동하여 일과 몸 만들기의 균형을 이루는 기획이 필요하다. 워라밸 기획도 단계가 있다. 그 시작으로 몸짱 만들기를 선택했다면, 이를 위한 명확한 목표 설정을 먼저 해야 한다. 궁극적으로 왜 몸을 만들어야 하고 어느 정도까지 도달할 것인지를 정한다. '뱃살 빼기, 군살 빼기를 통한 65kg 근육질 몸매 가꾸기'라고 목표를 설정하면 좋다. 다음으로 워라밸을 추진하는 데 대내외적인 장애 요소를 판단해야 한다. 과식을 하는 습관과 식탐이 몸짱 만들기를 간섭한다면 이는 내적인 방해꾼이며, 일이 바빠서 매일 운동할 시간이 없다면 외적인 큰 장애물이다. 이러한 장애 요소를 체크하여 이를 제거할 수 있도록 해야 한다. 마지막으로 몸짱 만들기를 실천할 수 있는 구체적인 실행 계획을 수립해야 한다. 피트니스 센터나 헬스클럽에 가입하여 몸 만들기 과정을 체험하는 것도 좋고 매일 걸어 다니며 출퇴근하거나, 엘리베이터를 타는 것보다 계단을 오르내리고, 자기 전에 최소 10분 이상 팔굽혀 펴기와 근력 운동을 꾸준히 하는 계획을 세우는 것도 구체적인 워라밸 실천을 뒷받침해 줄 수 있다.

　이때 워라밸은 무엇보다 나만의 방식으로, 진정한 나 자신을 위한 것이어야 한다.

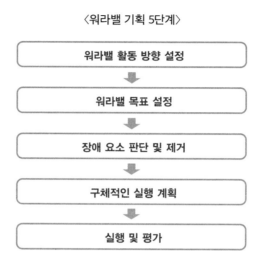

〈워라밸 기획 5단계〉

워라밸 활동 방향 설정

워라밸 목표 설정

장애 요소 판단 및 제거

구체적인 실행 계획

실행 및 평가

일을 전제로 생활의 균형추를 맞추려는 다양한 활동은 내가 좋아하는 것, 내가 하고 싶은 것이면 된다. 그러나 그 일이 꼭 내가 좋아하는 것, 하고 싶은 것이 아닐 수도 있다. 먹고살아야 해서 어쩔 수 없이 해야 하는 것일 수 있다. 퇴직자들에게는 더욱 그렇다. 그렇다면 일에서는 해야 하는 것을 추구하고, 생활에서는 좋아하는 것이나, 하고 싶은 것을 추구해보면 어떨까? 이 또한 일과 생활의 균형이다. 양쪽을 모두 끌고 가면 금상첨화이지만 결코 쉽지만은 않을 듯하니, 한쪽에서 끌려가면 다른 한쪽에서 끌고 가면 된다. 이는 그나마 천만다행이다. 일도 끌려가고 생활도 끌려가면 그야말로 설상가상이다.

세상이 워라밸을 운운하더라도 나에게 워라밸 여건이 주어지지 않으면 아무 소용없다. 퇴직하더라도 워라밸을 실현할 수 있어야 한다. 어쩌면 현직에 있을 때보다, 퇴직 후에 워라밸 인생을 살 수 있도록 평소에 나름대로의 워라밸 인생을 체험하면서 다양한 준비를 병행해보자.

Chapter 2

평생
현역으로
살기 위한
기본 원칙

포맷 설정

01 'So what' 보다 'How to'

보다 빠르게, 보다 정확하게, 보다 저렴하게, 보다 편하게의 실행 방향을 조금
더 구체화한 행동으로 퇴직 후의 PLAN(계획)과 DO(실행)에 대입하고 실천해보자.
그러면 이후의 'How to'에 대한 SEE(평가)는 꽤 괜찮게 나올 수 있으리라.

　　주변 사람들은 P팀장을 좋아한다. 그러나 처음에만 그렇다. 곧 그
에게 실망하여 부하직원들은 존경심을 잃고 상사들은 그에 대한 신뢰
지수에 의구심을 갖는다. P팀장은 업무 시, 현상 진단과 문제점 파악만
큼은 기가 막힐 정도로 완벽을 자랑한다. 숨어있는 근본적인 원인까지
잘 찾아낸다. 그러나 딱 거기까지만 칭찬거리다. 시작만 좋지 정작 실행
이 애매하거나, 멈칫하고 추진 동력을 잃어버릴 때가 많다. 직원들은 점
점 탄력이 약해지는 그의 뒷심 부족에 염증을 느낀다. 그의 실행력 약화
는 급기야 아킬레스건이 되어 조기 퇴직의 방아쇠까지 당겼다.

　　하루아침에 P팀장에서 P씨가 된 그는 생각보다 차분했다. 이런 상황
을 예상하여 퇴직 후 무엇을 할 것인가에 대한 계획도 철저하게 세웠고
자기 자신도 명확히 분석했다. 더불어 변화된 행동을 해야겠다는 필요
성을 느끼고 이에 대한 의지를 다졌다. 그러나 그는 퇴직한 지 1년이 다

되어가도록 결심만 하고 있다. ■

한걸음 더 나아가는 실행이 답이다

기획과 문제 해결의 메카인 맥킨지 컨설팅에서 따온 '로지컬 씽
킹Logical thinking(논리적 사고)'이라는 것이 있다. 전략을 수립하거
나 문제를 해결할 때, 업무를 수행할 때 ①So what(핵심) ②Why
so(논리적 근거) ③How to(방향성)의 3가지를 항상 논리의 주된 포
인트로 삼으라는 것이다. 이를 모든 것에 대입해보면 '도대체 뭐
야?', '근거가 뭐야?', '그래서 어떻게 할 건데?'라는 논리적 질문으로
귀결된다.

문제 해결이라면 '도대체 문제가 뭐야?', '원인은 뭐지?', '어떻게
해결할 거야?'라는 내용이 있어야 한다. 보고서를 썼다면 '무슨 내
용이야?', '어떤 근거에서?', '어떻게 하자는 거지?'라는 내용이 포함
되어야 한다. 이는 간단명료하지만 가장 강력하고 압축된 논리로
지금까지 사랑받고 있다.

그런데 이 세 가지 요소 중 특히 더 많은 관심과 사랑을 주어야
할 부분이 바로 'How to'이다. 어떻게 할 것인가? 즉, 솔루션이 가
장 비중 있게 다뤄져야 하고, 이는 또한 현실에 맞는 구체성까지
버무려져야 한다. 'How to'는 실행의 메커니즘이다. 'So what'과
'Why so'가 물음이라면 'How to'는 답이다. 그래서 실행이 답인

것이다. 움직임이라는 실행이 없으면 웅덩이에 안주하다가 넓은 연못으로 뛰어들겠노라고 3년째 결심만 하는 우화 속 개구리들의 처지와 다를 바 없다. 실행이 두루뭉술하면 결과도 두둥실하고 흐지부지하게 끝난다.

보고서의 실행 방안이 뜬구름 잡는 내용이면 상사로부터 "소설 쓰냐?"라는 지적을 받는다. 매년 10월이면 정부에서는 '국정감사'를 진행한다. 국정에 대한 모든 부문에서 매우 날카로운 질문과 질타가 오가는 국정감사를 위해 각 부처는 실로 엄청난 준비 시간을 쏟아붓는다. 하지만 소요된 시간과 노력만큼 국정감사에서 나온 지적과 각종 개선 과제가 실질적 실행 조치로 이어진 사례는 극소수에 불과하다. 꼼꼼하게 파헤치고 예리하게 지적한 국정감사 의견에 대한 후속 조치가 이뤄지지 않아 실로 안타까울 때가 많다. 간혹 일부 국회의원들이 질문하고 호통치는 그때 그 상황의 쇼맨십만 부각될 때도 있다.

이 모두 'How to'가 약한 것이다. 실행이 결여된 사람은 추진력을 잃은 자동차와 같다. 제로백을 3초에 돌파하는 수퍼카가 되지는 못하더라도 기름이 바닥나서 푸덕푸덕하다가 시동이 꺼지는 참사는 막아야 한다.

퇴직 실행력도 감사를 받아야 한다. 퇴직 또는 은퇴 후의 삶에 대한 정확한 예측과 분석, 그리고 이에 대한 합리적인 조망까지 갖춘 콘텐츠들은 너무나 많다. 물론 그들도 나름대로의 실행 방향성을 담고 있다. 그러나 그 실행에 대한 언급은 구체성이 떨어지고 현실

감각이 약한 경우가 많다. 어떤 조언이나 메시지는 아예 실현 자체가 불가능한 것도 있다. 퇴직 후에 재취업할 수 있도록 부단히 노력해서 일 관리를 계속하라는 말, 인간 관계가 단절되고 축소될 수 있으니 평소 관계 관리를 잘하라는 말, 재무 상태가 나빠질 수 있으니 미리미리 재테크에 신경 쓰라는 말, 여가를 모르면 즐길 수 없으니 제대로 된 여가 활동을 하라는 말, 건강을 잃으면 모든 것을 잃게 되니 내 몸을 소중히 챙기라는 말. 모두 중요한 'How to'이다. 그러나 이런 말들은 누구나 다 알고 있는 너무 큰 실행 그림이다. 굳이 한다면 대통령이 장관들에게 하는 말과 비슷하다고 볼 수 있다. 실행은 실무적인 부분의 몫이다. 우리의 How to는 장관이 곧바로 대통령과 독대하여 보고할 수 있는 가장 실무적인 콘텐츠로 무장해야 한다.

퇴직 후 어떤 식으로 일자리를 계속 창출하고, 어떻게 관계를 다져 나가며, 재무 관리는 어떤 식으로 접근하고, 건강과 여가는 또 어떻게 잘 챙겨야 하는지에서 한 발자국만 더 나가보자. 그래야 How to다운 How to라고 할 수 있다. 자신이 비만이나 과체중이라고 했을 때 다이어트가 필요하다고 하는 것은 분명한 'So what'이다. 그 원인이 평소 잦은 야식에 있다면 이는 정확한 'Why so'이다. 하지만 'How to'에서 '야식을 먹지 않는다'라고 한다면 이는 한발만 뛴 실행이다. 구덩이를 파기 위해 첫 삽질을 하고 이후 구체적인 삽질은 하지 않은 것이다. 이는 결국 헛된 삽질로 끝난다. 야식을 줄이기 위해 ①저녁 8시 이후에는 배달 음식을 절대 시키지 않는다 ②휴대

〈각 분야별 인생 기획 실행 방향성〉

구분	How to (실행 방향성)
일 관리	• 현직에 최대한 오래 머물러 있도록 한다. (자진해서 퇴사나 퇴직 금지, 일시적 감정 자제) • 이직의 경쟁력을 높일 수 있도록 자기계발을 철저히 한다. (해야 하는 것과 잘하는 것 판단) • 퇴사나 퇴직 후 어디든 재취업이 되도록 노력한다. • 경력 단절되지 않도록 개인적인 직무 능력 개발 활동을 한다. (학습, 자격증 등) • 퇴직 후 일자리는 없어도 일거리는 있게 한다.
관계 관리	• 친한 사람과 더욱 관계를 돈독히 한다. • 어렵다고 연락을 끊지 않는다. • 현 직장의 평판을 좋게 하고 나온다. • 허울뿐인 인맥(연락 단절, 스친 인연 등)은 정리한다. • 지위나 영향력으로 관계를 형성하지 않는다. (인간적인 부분 어필) • 신세대와 세대 차이가 나지 않도록 문화에 동참하고 공감한다. (용어 이해, 선호도 반영 등)
재무 관리	• 퇴사나 퇴직 후 재무 절벽이 발생하지 않도록 급여의 30%는 저축이나 재테크에 할애한다. • 다양한 루트에 분산 투자한다. (부동산, 주식 등) • 건강과 위험 관리에 대한 보험은 필수 가입한다. • 씀씀이를 더 줄여 비용을 아낀다. • 리스크가 있으면 절대 투자하지 않는다. (고소득 고위험 상품, 신용거래 행위 등)
여가 관리	• 워라밸을 실천하려고 노력한다. (집중 근무, 야근 안 하기, 저녁이 있는 삶 즐기기) • 한 가지 이상의 취미 활동을 한다. (몰입의 즐거움이 있는 것에 선택과 집중) • 여가를 기획하여 의미 있는 시간을 가지도록 한다. (주말 백두대간 종주 / 연 1회 해외여행 등) • 번아웃(소진증후군)이 발생하지 않도록 한다. (휴식이나 힐링 시간 배려)
건강 관리	• 건강할 때 건강을 더욱 챙긴다. (정기 검진 철저, 과식 및 과음 안하기) • 일상에서 매일 조금씩 운동한다. (정류장 걸어가기, 계단 오르기 등) • 스트레스는 작은 행복 경험으로 상쇄시킨다. • 매사에 감사하는 마음을 표현한다. (감사 일기 쓰기 등)

폰에 있는 배달 앱을 삭제한다 ③야식을 먹을 경우 가족들에게 1만 원씩의 벌금을 낸다는 식으로 한걸음 더 성큼 내딛는 How to가 되어야 한다. 인생 기획 또한 각 분야별 How to를 구체화해야 한다.

보다 빠르게, 보다 정확하게, 보다 저렴하게, 보다 편하게

유체 이탈 화법이라고 들어 보았는가? 어느 지역에 지진이 일어나서 대비책을 강구하느라 난리인데, 책임 있는 리더가 나와서 "건물을 새로 지어 내진 설계를 강화했는데도 지진에 문제가 되는 겁니까?"라고 했다고 해보자. 이는 자신의 이야기를 마치 남 얘기하듯 하면서 책임을 회피하려는 화법이다.

불분명한 How to는 유체 이탈 화법에서 많이 비롯된다. 실행의 모호함으로 How to의 진정성을 갉아먹는다. 불필요한 회의를 줄이는 개선 방안을 토의하려고 모였는데 회의를 체계적으로 할 수 있도록 시스템을 갖춰야 한다고 하고, 부서간 협업과 회의 준비에 만전을 기해야 한다고 한다면 이는 개선이 아닌, 본질에 대한 유체 이탈이다. 현실적이고 구체적이면서도 실현 가능한 실행의 방향성을 찾으려면 궁극적으로 도달하고자 하는 목적을 분명히 해야 한다.

업무적 측면에서 보았을 때 그 목적에 대해 필자는 4가지를 제시한다. 보다 빠르게, 보다 정확하게, 보다 저렴하게, 보다 쉽게(편하게)이다. 이는 효율적인 업무 수행의 실행 방향성이라고도 할 수 있다.

또한 이 4가지의 방향성을 현직일 때부터 습관화하면 퇴사나 퇴직 시에도 매우 유리하다.

첫째, '보다 빠르게'는 지금보다 업무를 빨리 할 수 있는 방법을 찾는 것이다. 엑셀 표, 계산, 함수와 서식을 만들어 입력 시간을 줄이고, 돈이 들더라도 고성능 컴퓨터로 빠르게 일하고, 정말 급한 것은 택배보다는 퀵 서비스를 이용한다면 빠른 업무의 효율성을 기대할 수 있다. 은행이나 관공서, 음식점에서 번호표를 뽑는 이른바 '대기행렬 관리 시스템'은 빠름과 효율의 상관관계를 잘 나타내주는 좋은 예다.

둘째, '보다 정확하게'는 현직일 때부터 매사에 정확하게 일 처리를 하는 것이다. 수당을 정확히 계산하고 상품 검수나 평가를 정확하게 하는 것, 출퇴근 시간을 정확하게 준수하는 것 등 그 적용 범위는 넓다. 최근 주 52시간 근무제 시행으로 야근을 방지하는 것이 강조되다보니, 'PC오프제'를 실시하여 정확하게 오후 6시가 되면 컴퓨터 작업을 자동으로 차단하는 기업들도 있다.

셋째, '보다 저렴하게'는 원가절감 또는 다운사이징이라고 볼 수 있다. 불필요하고 소모적인 활동과 낭비를 줄여 다른 쪽으로 환원하자는 것인데, 이것이 마냥 짠돌이가 되자는 것은 아니다. 아무도 없는 사무실은 자동으로 소등되게 하고 각종 제품은 가성비 좋은 부품으로 대체하여 불필요한 지출을 줄인 후 줄어든 비용만큼을 연구 개발이나 직원 복지로 쓴다면 이상적인 실행 방향성이다.

마지막으로, '보다 편하게(쉽게)'는 편하게 일하도록 도와주는 것이다. 간단한 복사 작업 등의 허드렛일은 자동화 기기가 하고, 직무 능력 향상에 도움되지 않는 일은 외부에 맡기고, 일하는 환경을 쾌적하게 만들어주는 것 등을 예로 들 수 있다. 내부 직원들이 편해야 외부 서비스도 잘되고, 직장에서도 편안한 기업문화가 감돌 수 있다.

앞의 회의에 대한 개선에 이 4가지를 적용해보자. 회의를 서서하는 방법을 실행하여 시간을 단축시키고(보다 빠르게), 회의록을 정확하게 한 장으로 작성하여 불필요한 내용을 줄이고(보다 정확하게), 회의시간에 대한 비용을 산출하여 이를 줄이는 방법을 찾고(보다 저렴하게), 매주 금요일 오후를 '회의 금지의 날'로 선포하여 이를 지키도록 제도화한다면(보다 편하게) 회의 개선에 대한 'How to'로서 어깨에 힘을 줄 수 있다.

자, 이번에는 이를 퇴직 상황에 응용해보자. 퇴직 후에도 4가지 실행 목표를 간과해서는 안 된다. 실행 방향을 설정하고, 'How to'는 더욱 구체적으로 펼쳐야 한다. '보다 빠르게'라는 측면에서 본다면 퇴직 후 공백이 크게 생기지 않고 재취업이 빠르게 이뤄질 수 있도록 구직 활동에 추진력을 발휘해야 한다.

이전 직정 생활에 갇힌 프레임에서 하루 빨리 빠져나와야 하고, 퇴직 후 원활한 활동을 전개하기 위해 주변 정리정돈도 해야 한다. 간혹 전 직장에서 활용한 자료나 각종 흔적을 빠르게 정리하지 않아 인수인계를 힘들게 하고, 유종의 미를 흐리는 경우가 있는데 이 또한 미련 없이 떠나보내도록 하자. 이러한 '보다 빠르게'는 급한 것과는 다르다. 조급함이 아닌 빠른 추진이다.

이렇게 보다 빠르게, 보다 정확하게, 보다 저렴하게, 보다 편하게의 실행 방향을 조금 더 구체화한 행동으로 퇴직 후의 PLAN(계획)과 DO(실행)에 대입하고 실천해보자. 그러면 이후의 'How to'에 대한 SEE(평가)는 꽤 괜찮게 나올 수 있으리라.

〈퇴직 후의 궁극적 4가지 'How to' 방향성〉

구분	적용 분야	실행 방향
보다 빠르게	구직 활동, 정리정돈	• 1년 내 재취업 목표로 활동 • 과거의 패러다임으로부터의 변화 • 업무 및 생활 환경 정리
보다 정확하게	제반 분석, 금전 및 세무 관리	• 나 자신에 대한 명확한 분석 　(장점, 약점, 기회, 위협 요소 판단) • 재무 구조 파악 (자산 및 대출 등) • 소득 체크 및 공제, 혜택 파악
보다 저렴하게	소비 패턴, 소모적 행위	• 소비 라이프 스타일을 경제적으로 개선 　(골프 활동 지양 등) • 불필요한 낭비 요소 축소 및 제거 　(지나친 TV 시청 금지 등)
보다 편하게	마음가짐, 의사 결정	• 힐링의 마음 자세 • 주변이나 체면 의식하지 않기 • 머뭇거리지 않는 단순한 의사 결정

02 느리지만 멈추지 않는 전문가

인생에서의 가장 젊은 시기는 바로 지금이다. 새로운 인생의 출발선에서
어기적 느리게나마 정해진 방향을 향해 가자. '무엇을 어떻게 할 것인가'만큼
중요한 것은 꾸준히 움직이고, 적합한 방향으로 가고 있느냐다.
느린 것을 두려워 말고 멈추는 것을 두려워해야 한다.

세상에 이렇게 급한 사람이 있을까? K상무는 아침에 출근하자마
자 부하직원에게 업무 지시를 내리고 얼마 지나지 않아서 다했는지를
확인하는 사람이다. 보고서 쓰는 것을 뒤에서 팔짱끼고 기다리고, 프린
터에서 출력물이 채 나오기도 전에 용지를 잡아 빼는 K상무, 커피 자판
기 앞에서도 커피 나오는 시간을 기다리다 못해 출구에 불쑥 손을 넣는
통에 내용물을 모두 받아내지 못하거나 손을 살짝 데이기까지 한다. 한
시라도 빨리빨리 하지 않으면 팔딱팔딱 하는 그의 성격에 부하직원들은
가히 정신을 못 차린다. 그런 그가 한직으로 밀려나 퇴직 위기에 처했다.
이제는 급하게 결재할 보고서도 없고 빠르게 진전되는 상황도 없다.

자신은 빠르게 달리는 자동차인데, 달릴 기회를 주지 않으니 K상무는
안절부절 못하고 있다. 더구나 빠르게 처리할 일도 없으니 답답해서 미
칠 노릇이다. 그는 하루 종일 사무실 한켠을 왔다갔다만 한다. 퇴직 후

에도 그의 패턴은 그대로 이어졌다. 그의 장점인 빠른 업무 처리는 지금은 활용도가 없다. 급기야 불안증과 우울증이 겹쳐져 그를 찾아왔다. 그는 지금 심각하게 심리 치료를 고민 중이다. ▪

빠른 성취자보다는 느린 전문가가 되라

격동적인 경제 발전 시대를 거치면서 우리의 '빨리빨리' 문화는 트레이드 마크였다. 모든 것을 빨리빨리 해야 직성이 풀리는 기질은 한국인들의 고유한 DNA라고 해도 과언이 아니다. 속도전처럼 밀어붙이는 정책과 사업이 아직도 난무하고, 빠른 서비스를 제공해 주지 않으면 우수 고객에서 진상 고객으로도 변하는 탓에 스피드 경영, 총알 택시, 로켓 배송, 즉시 대출과 상담이라는 단어가 꽤나 익숙하다. 오죽하면 음식점에서 줄을 서서 기다릴 때도 '빨리빨리 기다려'라는 앞뒤 안 맞는 용어가 나오겠는가?

빨리빨리에 공감하는 세대는 주로 중장년층 시니어들이다. 그들은 이런 업무 환경과 문화에 상당 기간 노출되어 일해왔다. 빠른 업무 처리의 관성은 신세대 직장인들과 갈등을 일으키는 원인이 되기도 한다. 빨리빨리 하여 성과를 내는 것은 좋지만 빨리빨리 하는 것과 성과가 비례한다는 근거는 어디에서도 찾아볼 수 없다. '빨리빨리 제대로'는 요즘과 같은 복잡한 시대에서 잘 통하지 않는다. '빨리빨리 대충'을 잉태할 뿐이다. 그래서 느리더라도 제대로 가는 게 맞다. 전문가 또한 하루아침에 되는 것이 아니다. 느리게 가더라도 궁극적으로 정점을 찍어야 한다.

K-POP으로 세상을 뒤흔들고 누구보다도 국위선양에 앞장서고 있는 아이돌 그룹 '방탄소년단BTS'. 이들의 도전과 성취는 가장 핫한 벤치마킹 사례다. 전략, 자기계발, 커뮤니케이션, 홍보, 마케팅에 이르기까지 하나하나가 대박 소재들이다. 하지만 속도 측면에서 본다면 방탄소년단은 결코 혜성처럼 나타나 갑자기 글로벌 스타덤에 오른 것이 아니다. 대규모 엔터테인먼트사의 전폭적인 투자와 지원을 받으며 성장한 것은 더더욱 아니다. 사실 궁극적으로 느림의 승리다. 그들은 느렸다. 느리게 서서히 그 분야에서 최고 전문가의 금자탑을 쌓았다. 유튜브를 보면 그들이 연습생 시절부터 차곡차곡 곡을 만들고 실패와 작은 성취가 뒤범벅된 우여곡절을 겪어왔음을 확인할 수 있다. 그 과정에서 그들이 겪은 마디마디와 쌓은 하나하나의 조각들이 느린 스토리텔링으로 다가온다. 이러한 과정이 팬심을 자극하고 팬층을 두텁게 확장하고 급기야 BTS ARMY(방탄소년군단)라는 전 세계의 충성도 높은 팬덤(좋아하는 사람들이나, 그러한 문화현상 및 커뮤니티) 층까지 양산했다.

느리게, 조금씩 발전하고 성장하자. 퇴직하고 난 후 빨리 다시 일을 해야 하고 뭔가를 이뤄야 한다는 서두름은 심리적 조급증만 키울 뿐이다. 오히려 일을 더 그르칠 수 있다. 살아온 날보다 살아갈 더 많은 날이 있는데 서두를 필요가 있는가?

필자의 지인 중 한 명은 리더십과 경영관리 능력, 외국어에 능통

하며 오랫동안 직장에서 최고 경영자를 보좌하면서 시스템 경영에 대한 전문성을 키우고 있었다. 하지만 퇴직 후에 이를 발전시키지 못하고 재취업의 조바심을 못 이겨 보험회사 설계사로 취업한 후, 지금까지 영업 현장에 좀처럼 적응하지 못해 갈팡질팡하고 있다. 시간이 좀 걸리더라도 꾸준히 자신에게 적합한 것을 추구했더라면 더 좋은 결과가 있지 않았을까 싶다.

'인생은 속도가 아니라 방향'이라고 했다. 방향만 맞으면 천천히 뚜벅뚜벅, 또는 사브작 사브작 가도 된다. 우직할 정도로 끈기 있게 가는 자는 당해낼 수 없다. 우리가 너무나 잘 아는 '토끼와 거북이' 우화도 결국 토끼는 빠르지만 '방만함' 때문에 실패를, 거북이는 느리지만 '꾸준함' 때문에 성공을 가져온 이야기이지 않은가.

진정 내 몸에 빠르게 흐르는 혈류와도 같은 질주 본능이 있다면 일단 참고, 꾸역꾸역 느리게 가다가 전문가의 경지에 올랐을 때 냅다 빨리 질러 나가면 된다. 밑바닥부터 메뉴 하나하나 레시피를 익히며 요리를 배우고 차곡차곡 달인의 경지에 올라 세간에 이름을 알린 전문 셰프가 되었을 때 비로소 돛을 달고 순풍을 타며 나아갈 수 있다. 현직일 때 느리지만 멈추지 않고 해당 분야의 전문가가 되어 퇴직해서도 그 길을 계속 가는 것이 바람직한 인생 기획의 모델링이다.

인생에서의 가장 젊은 시기는 바로 지금이다. 새로운 인생의 출발선에서 어기적 느리게나마 정해진 방향을 향해 가자. '무엇을 어떻게 할 것인가'만큼 중요한 것은 꾸준히 움직이고, 적합한 방향으

로 가고 있느냐다. 느린 것을 두려워 말고 멈추는 것을 두려워해야
한다.

지속적인 진정성의 승리

'파워 블로거'라는 말이 있다. 인터넷상에서 해당 분야의 블로
거 중 항상 상위에 노출되는 사람을 일컫는다. 이들은 거대한 독자
층과 커뮤니티를 운영하는 온라인 권력자다. 그 힘은 실로 막강하
여 유명 맛집 하나 정도는 하루아침에 죽이는 일은 일도 아니며, 몇
번의 클릭만으로도 쪽박집을 대박집으로 둔갑시킬 수 있다. 그래
서 이들에게 홍보 마케팅 비용을 기꺼이 지불하는 업체도 많다. 블
로그 영향력 때문에 이들이 매월 가져가는 돈이 수천 만 원에 이르
기도 한다. 이들은 과연 하루아침에 블로그 실세가 된 것일까? 파워
블로거의 정점에 오르기까지 그들은 멈추지 않고 한올 한올, 한땀
한땀의 장인 정신과도 같은 노력을 기울였다. 네티즌들은 단기간에
갑자기 많은 콘텐츠가 생겨났거나 단숨에 뚝딱 만들어진 조작된 블
로그와 '이웃 관계'를 맺거나 그곳을 수시로 방문하지 않는다. 가볍
고 사소하더라도 끊임없이 이어가는 그 열정에 서서히 공감하고 팬
이 된다. 처음에는 대수롭지 않게 여겼다가 조금 지나면 "어? 이거
봐라?" 하며 지치지 않은 열정에 "와우, 대단한 걸"하고 엄치척을
해준다.

필자는 파워 블로거의 성공 비결과도 같은 이것을 '지속적인 진정성'이라 표현한다. 모든 일도 마찬가지다. 멈추지 않는 무언가를 움직이게 하는 것은 '진정성'이다.

'보험 판매왕' 상을 받은 여성에게 대단한 영업 비밀을 물었더니, 모두들 스마트폰으로 안부 인사를 하고 상품 관련 메시지를 보내는데, 자신은 수십 년 동안 직접 손 글씨를 써서 보냈다고 한다. 비가 오나 눈이 오나, 고객이 보든, 보지 않든 보냈다고 한다. 버려지든 구석에 쌓이든 그 애처로운 정성에 감동한 잠재 고객들이 보험 갱신을 앞두고 그녀를 찾지 않았을까?

퇴직한 시니어들에게는 자칫 '시간이 독'이 될 수 있다. 시간은 많은데 일이 없는 딜레마에 빠질 수 있다. 그러니까 더욱 더 느림에 서툴다. 느리다는 것을 지루해하고 답답해한다. 그러나 뭔가 할 것을 정했다면 꾸준한 진정성을 가지고 '무소의 뿔처럼 묵묵히 가라'라는 말처럼 쉬지 않고 전진하는 지혜가 필요하다. 누군가 성공에 대해 말하기를 '당연한 것을 멈추지 않고 계속하는 것'이라고도 했다. 일본 초격차 기업의 원칙 또한 당연한 것을 멈추지 않고 제대로 하는 것이라고 한다.

꾸준함은 잘 알겠는데, 그렇다면 진정성을 어떻게 찾을 것인가? 그에 대한 답은 포장하고 드러내려 하지 않는 데 있다. 아무리 유명인이라 할지라도 SNS에서 자기 자랑을 일삼거나 신변잡기, 또는 상업성 멘트로 얼룩진 글을 쓰면 진정성을 의심받고 독자의 피로도를 증가시킨다. 힘을 빼고 가볍게, 우선 특별한 목적 없이 순수하게 가야 한다. 자신의 입장에서만 보는 것이 아닌 상대방의 입장을 헤아려주는 진정성을 네티즌들이 인정해주는 순간, 조회수는 올라가고 공유 빈도도 높아진다.

온 나라 사람들이 다 아는 국민 MC 유재석 씨의 성공 비결도 따지고 보면 '진정성'에 있었다. 그는 초창기에 너무 긴장하며 프로그램을 진행해서, PD에게 '앞으로 나오지 말라'는 굴욕마저 당했었다. 전용 밴을 타거나 방송국의 지원을 옵션으로 바라는 양지의 스타들과는 달리, 그는 음지에서 돈도 없고 매니저도 없이 프로그램 단 몇 분을 위해 촬영장까지 기차를 타고, 버스를 타고, 심지어는 배를 타고 가는 고생까지 감수했다. 프로그램 진행도 썩 훌륭하지 않았다. 하지만 그는 매사에 성실히 노력했다. 그 꾸준함과 진정성이 지금의 그를 만들었고 더 여유롭고 편안한 MC가 되도록 성장시켰다.

이렇듯 진정성과 꾸준함이 만나면 '멈추지 않는 느림의 미학'이 완성된다. 지극히 상투적인 말이긴 하지만, 누군가 '인생은 마라톤'이라고 했다. 42.195킬로미터의 인생 여정에서 퇴직자들은 겨우 반환점인 20여 킬로미터를 뛰었다. 마라톤과 같은 우리 삶에서 누구나 더 빨리 더 편안하게 목표 지점에 가면 좋겠지만 현실은 그렇지 않다. 이제 조금 느리더라도 완주를 목표로 하자. 행여 뒷심이 있다면 탄력 있게 가속하면 된다.

느리지만 멈추지 않고 결코 포기하지 않는 진정성으로 멋진 마라톤 인생의 주인공이 되어보자.

03 실패를 두려워하라

실패는 무서운 녀석이다. 실패가 적립금처럼 자꾸 쌓이다 보면 인생 실패로
내몰린다. 실패해도 재기할 수 있어야 하는데, 중장년층에게 실패는 재기의
시간과 체력마저 주지 않는다.

20여 년간 은행에 다니다 명예퇴직을 한 Y씨는 명퇴 자금과 퇴
직금을 모아 개인 사업을 하기로 마음먹었다. 섣불리 노하우 없이 도전
했다가 낭패를 볼 것 같아서 초기 비용이 들더라도 조금 안전한 대중적
인 고깃집을 냈다. 유동 인구가 있는 오피스 상권에서 시작한 가게가 자
리를 조금 잡아가려는 찰나, 정부의 '주 52시간 근무제 시행'이라는 직
격탄을 맞았다. 직장인들은 더 이상 야근하며 야식을 주문하거나, 퇴근
후 술도 한잔 하고 회포도 풀 목적으로 가게를 찾지 않았다. 1년을 못
버티고 가게 문을 닫았다. 정신을 바짝 차렸다. Y씨에게는 그동안 학습
된 실패를 딛고 일어서려는 의지가 있었다. 이번에는 '3D(3차원) 게임
방'을 차렸다. 인형 뽑기, VR(가상현실) 실현 등의 게임은 '탕진잼(탕진하
는 재미)'을 유도하며 이색적인 인기를 끌었지만 이는 곧 시들었다. 그동
안 벌어놓은 돈이 탕진될 위기에 처했다. '칠전팔기' 오뚝이와 같은 도

전 정신으로 마음을 모질게 먹고 다시 시작하기로 했다.

하지만 그 후로 또다시 공들이 '코인 세탁방'이 실패하고, '택배 대행 서비스' 등 몇 가지 사업이 연거푸 넘어지면서 Y씨는 실패에 대한 두려움이 커졌다. 이는 곧 좌절로 이어졌다. 다시 부활하기에는 모든 것이 턱없이 부족했다. ■

실패는 성공의 어머니가 아니다

성공한 사람들은 자신의 실패했던 경험이 오늘의 성공에 대한 원동력이 되었음을 힘주어 강조한다. 그리고는 결론 부분에서 모두에게 "실패를 두려워하지 말고 당당히 맞서세요", "시련은 있어도 실패는 없습니다", "다시 일어나 도전하세요", "실패는 성공의 어머니입니다" 중 하나를 고르는 4지선다형처럼 듣는 이에게 형식적인 위로가 가득한 클로징 멘트를 날린다.

말은 참 쉽다. 그러나 이는 거듭 실패한 사람들을 허탈하게 만든다. 그들은 결국 성공했으니까 이런 소리를 하는 것이다. 실패를 통해 인생 밑바닥을 치고 나서 보란 듯이 일어나 이런 마인드를 멋지게 이야기 하고 싶은 사람들이 얼마나 많겠느냐만, 현실은 실패로 내동댕이 쳐져서 숨죽이고 사는 사람들이 대부분이다. 따라서 이렇게 잘 포장된 말로 '희망고문' 하지 말고 솔직하게 "실패할 지도 모르니 이를 두려워하고 신중하고 신중하세요"라고 하거나 "실패해도 재기할 수 있을 만큼만 도전하세요"라는 것이 낫다.

실패는 무서운 녀석이다. 실패가 적립금처럼 자꾸 쌓이다 보면 인생 실패로 내몰린다. 실패해도 재기할 수 있어야 하는데, 중장년층에게 실패는 재기의 시간과 체력마저 주지 않는다. 넘어져도 넘어져도 일어나는 오뚝이 인생이 될 수 없다. 왜? 일단 나이들어서는 무릎이 아파서 일어나지 못한다. 또다시 실패할까 겁이 나서 과감해지기를 꺼려한다.

예를 들어보자. 종잣돈을 가지고 부동산에 과감하게 투자했다. 그런데 부동산 경기가 얼어붙어 큰 손해를 보았다. 종잣돈의 많은 부분이 날라갔지만 이후 부동산 호황의 기회가 찾아와도 강심장이 아닌 이상 총알도 없고 의지도 꺾여 더 이상 공격적이지 못하게 된다. 실패는 성공의 동기부여를 이렇게 비틀어 쥐어짜고 있다. 주관적인 의견이지만 다음의 실패에 대한 명언들도 개인적으로는 이렇게 바뀔 필요가 있다.

〈실패에 대한 명언들 역발상으로 뒤집기〉

1. 실패는 잊어라, 그러나 그것이 준 교훈은 절대 잊어서는 안 된다. (하버트 개서)
   ➡ 교훈은 잊어라, 그러나 그 이전의 실패는 절대 잊어서는 안 된다.

2. 실패한 고통보다 최선을 다하지 못함을 깨달은 것이 몇 배 더 고통스럽다. (앤드류 매튜스)
   ➡ 최선을 다하지 못함을 깨달은 것보다 실패한 것이 몇 배 더 고통스럽다.

3. 당신이 삶에 저지른 가장 큰 실수는 당신이 실수를 저지를까봐 계속해서 두려워하는 것이다. (앨버트 하버드)
   ➡ 당신이 삶에 저지른 가장 큰 실수는 당신이 성공하려는 마음에 계속해서 실수를 두려워하지 않는 것이다.

4. 오직 크게 실패할 용기가 있는 사람만이 크게 이룰 수 있다. (로버트 F. 케네디)
   ➡ 오직 크게 성공할 용기가 있는 사람만이 크게 실패할 수 있다.

5. 실패는 더욱 똑똑하게 다시 시작할 수 있는 유일한 기회다. (헨리 포드)
   ➡ 오직 성공만이 더욱 똑똑하게 다시 시작할 수 있는 유일한 기회다.

6. 삶의 가장 큰 영예는 넘어지지 않는 것이 아니라, 우리가 넘어질 때마다 다시
   일어나는 데 있다. (랄프 왈도 에머슨)
   ➡ 삶의 가장 큰 멍에는 넘어지는 것이 아니라, 우리가 넘어지고 나서 일어나지
   못하는 데 있다.

7. 한 번도 실패하지 않았다는 것은 새로운 일은 전혀 시도하고 있지 않다는 신
   호다. (우디 앨런)
   ➡ 한 번도 성공하지 않았다는 것은 새로운 일을 계속 시도했다는 신호다.

8. 나는 젊었을 때 10번 시도하면 9번 실패했다. 그래서 늘 10번씩 시도했다. (조지
   버나드 쇼)
   ➡ 나는 나이가 들어 10번 시도하면 10번 실패했다. 그래서 한 번도 시도하지 않
   는다.

9. 실패로부터 성공을 발전시켜라. 낙담과 실패는 성공으로 가는 가장 확실한 두
   개의 디딤돌이다. (데일 카네기)
   ➡ 실패로부터 성공을 발전시키지 마라. 막연한 기대와 희망은 다시 실패로 가는
   가장 확실한 두 개의 디딤돌이다.

필자의 이런 역발상 글을 읽다 보면, 실패는 실패로 끝나고 좌절하니 두려워하고 방어적으로 삶을 살라는 뜻으로 이해할 수 있다. 성공 비전을 묵살하고 다시 일어서려는 의지에 찬물을 끼얹는다고 생각할 수 있다. 결코 그런 뜻은 아니다. 실패를 시행착오로 삼고 다시, 계속 도전하는 것에는 찬성이다. 그러나 실패를 만만하게 보거나 성공과 긍정의 코스웍으로 생각하지 말자는 것이다. 수많은 실패를 겪고 일어선 사람들로부터 용기를 얻는 것은 필요하고 그들에

게는 아낌없는 박수를 보낸다.

기다려라, 실패하지 않는다

①인디언 ②사마의(사마중달) ③도쿠가와 이에야스

이들의 공통점은 뭘까? 참고로 사마의는 삼국지 위·촉·오 시대의 위나라 조조 휘하에 있던 정치인이자 군사 전문가이고, 도쿠가와 이에야스는 도요토미 히데요시의 뒤를 이어 일본을 통일한 장수다. 공통점이 천하통일이라고? 인디언들이 통일을 했단 말인가? 정답은 바로 '때를 기다림'이다. 인디언들이 기우제를 지내면 비가 온다고 한다. 왜? 비가 올 때까지 기우제를 지내기 때문이다.

사마의는 촉나라 제갈공명과의 전투에서 계속 싸우는 척하면서 후퇴를 반복한다. 일부러 잔잔한 공격과 방어로 밀당하면서 상황을 질질 끌고 가, 급기야 제갈공명의 죽음이 확인될 때까지 기다린다. 그리고 단숨에 진격하여 전쟁에 승리하고 훗날 진나라로 삼국을 통일하는 위업을 달성한다. 도쿠가와 이에야스는 도요토미 히데요시 아래 무장으로 숨죽이며 때를 기다렸다가 기회가 왔을 때 모든 세력을 규합하여 천하를 통일했다. 그의 '두견새가 울지 않으면 울 때까지 기다린다'라는 말은 명언이기도 하다.

이렇듯 이제는 기다림이 대세다. 때를 기다리는 일은 엄청난 끈기와 인내를 요구하지만 그만큼 실패의 리스크를 줄여줄 수 있다.

주식투자의 달인 워런 버핏도 "주식시장은 적극적인 사람에게서 참을성이 많은 사람에게로 돈이 넘어가도록 설계되어 있다"라고 말한 바 있다. 부동산 투자에서도 결국은 끝까지 버티고 기다린 사람들이 목돈을 만진다.

퇴직 후의 삶도 마찬가지다. 상황이 촉박하다고 해서 뭔가를 해야 한다며 아무거나 덥석 무는 어리석음을 범하지 말아야 한다. 차분히 그동안 쌓아온 내공을 다지면서 기다리다 보면 때가 온다. 나에게 맞는 일자리도 생긴다. 사자는 아무리 배가 고파도 썩은 고기는 먹지 않는다고 한다.

내 그릇에 맞는 자리가 나올 때까지 조금만 기다리자. 기회의 여신이 나타날 때까지 기다렸다가 스쳐 지나가는 순간, 냉큼 소맷자락을 붙잡아야 한다. 그러기 위해서는 마냥의 기다림이 아니라 준비된 기다림이 되어야 한다. 준비를 하고 나서 때를 맞이할 채비를 갖추는 것이다.

기회가 왔는데 나의 역량이 준비되어 있지 않으면 말짱 도루묵이다. 퇴직 후 좋은 일자리가 나왔는데 그곳의 문턱을 넘기엔 부족한 결격 사유가 나와서는 안 된다. 어학 능력에 걸리고, 자격증에 걸리고, 경력 미흡에 걸리지 않도록 기다리면서 능력의 수위를 높여놓도록 하자

도광양회韜光養晦!

칼을 칼집에 넣어 검광이 밖으로 새어 나가지 않게 한다는 뜻으로 '빛을 감추고 은밀히 힘을 기른다'는 말이다. 어둠 속에서 실력

을 기른다는 뜻으로 중국《삼국지연의》에서 유래되었다. 중국 개혁 개방의 선구자 덩샤오핑의 유훈이기도 하다. 비록 지금은 알려지지 않더라도 퇴사나 퇴직 후 실패의 두려움으로부터 나를 보호해줄 수 있는 실력을 갈고 닦자.

그리고 설령 중원의 큰 무대를 밟지 못하는 '변방의 고수'로 끝나더라도 기다림으로 때를 맞서자. 어쨌든 갖추고 기다리면 실패와 맞닥뜨려도 결코 두렵지 않다.

04   단순하고 간결하게, 미니멀 라이프 기획

"진정한 인생은 정리 후에 시작된다"라는 말처럼 퇴직 후의 새로운 삶 또한
가장 단순하고 간결하게 정리한 후에 다시 시작할 수 있다.

O양은 작은 아파트에서 혼자 사는 솔로족 직장인이다.

그녀의 유일한 취미는 온라인이나 TV 홈쇼핑을 즐기는 것. 하지만 거의 오덕후('광팬' 또는 '마니아' 수준)에 가깝다. 드라마 채널을 검색하다 간간히 끼어든 홈쇼핑 광고에 번번이 낚여 해당 물건을 집으로 배송시키고, 특별한 의미 없이 인터넷 서핑을 하다가도 조금 신기하거나, 새로운 물건들이 있으면 여지없이 구매 클릭을 하는지라 그녀가 살고 있는 집은 온통 택배물로 넘쳐난다.

방 안에는 의류, 가전기기는 말할 것도 없이 각종 장식 용품과 한때 기획 상품이라고 뽐내던 온갖 잡동사니들이 나뒹굴고 있다. 심지어 그녀의 아파트 방 하나는 이미 짐으로만 가득 채워진 지 오래다. 그렇다고 O양이 구매한 물건들을 충분히 활용하는 것도 아니다. 오히려 그 물건들을 관리하는 물건까지 사게 되고 또 이를 방치하는 일이 반복되었

다. 전혀 선순환되지 않는 물건들 틈바구니에서 그동안 O양은 몇 번이고 필요 없는 것을 버리려고 노력했지만 그럴 때마다 '비싼 돈 주고 샀는데 버리긴 아까운 걸? 언젠가는 쓰게 되지 않을까'하며 그것들을 강제 퇴거시키는 데 주저하고 있다.

혼자 사는데도 O양의 아파트는 그저 좁기만 하다. ∎

대세는 미니멀 라이프이다

'미니멀리즘minimalism'이라는 말이 있다. 단순함과 간결함을 추구하는 문화적 흐름이다. 이러한 '작음'을 추구하는 추세가 일상으로 옮겨지면서 만들어진 용어가 바로 '미니멀 라이프minimal-life'다. 작고 야무진 의미를 갖는다는 측면에서, 현 스마트 시대와 잘 어울리는 것 같다.

진정한 미니멀 라이프는 다음의 세 가지 의미를 갖는다. 첫째, 꼭 필요한 것만 남기고 불필요한 것을 줄인다. 둘째, 없는 것을 갈망하지 않고 이미 갖고 있는 것을 소중히 여긴다. 셋째, 조급해하지 않고 비워내면서 가장 가치 있는 것을 추구한다. 한편 미니멀 라이프가 추구하는 방향성은 다음의 세 가지다. ①없애버리는 '제거' ②부피를 줄이는 '압축' ③새롭게 융합하는 '결합'. 이중 '제거'가 미니멀 라이프의 기본이다. 위의 O양은 과감하게 이를 먼저 수행했어야 했다. 정리정돈 면에서 보자면 핵심은 '어떻게 수납해야 하는가'가 아니라 '어떻게 버려야 하는가'를 아는 것이다.

우리는 버리는 것보다 구매하는 것에 더 익숙하다. 그러나 이제 패러다임을 바꾸어야 한다. 우리가 편해지려고 구입한 물건들은 되려 발목을 잡을 수 있다. 커피 내리는 머신을 하나 사도, 어쩌다 한 번 사용하기 위해 자리를 내주어야 하고, 재료도 준비해야 하고, 가끔 청소도 해주는 번거로움을 감수해야 한다. 그냥 커피 전문점에서 사먹는 것이 더 나을 수도 있다. 유지하는 데 비용을 더 많이 쓰고 있는 것이다. 화초나 어항 또한 그것들을 사서 기르고 관리하는 데 애를 먹는다. 애초에 소유하지 않으면 될 것을 말이다. 일종의 '집착증후군'이자 '욕심'이다.

퇴직 시점에서도 여러 준비를 하면서 많은 욕심을 낸다. 어떻게든 많은 것을 자신의 범위에 구겨 넣으려고 한다. 이건 '미니멀 라이프'가 아니라 거꾸로 '맥시멈 라이프'이다. 그 한 예가 바로 자신의 커리어(경력) 관리에 불필요한 자격증을 많이 따려는 것이다. 건축업에 종사하는 사람이 부동산 중개사 자격증에 도전하려 하고, 요리를 배우는 사람이 중장비 자격증을 소유하려고 한다. 재취업을 위한 입사 지원서도 온갖 회사에 통조림처럼 찍어내어 뿌려댄다. 유통업 출신이 제조업 회사에 지원하고 IT(정보기술) 관련 업무를 수행한 사람이 갑자기 인사 관리 업무에 서류를 들이민다. 이러한 '질보다 양'의 지원 방식도 미니멀 라이프에 어긋난다. 자신의 경력에 부합하지 않고 본질에서 벗어나는 활동은 철저히 미니멀하게 구조조정을 해야 한다. '물건은 없앨수록 더 편해진다'는 진리처럼, 퇴직

할 때도 불필요한 것들을 최소화하는 라이프 스타일을 만들도록 해 보자.

일단 적게 남기더라도 관련된 것만 챙겨서 가는 '미니멀리즘'을 실천하자. 미니멀리즘의 실천은 '핵심만을 움켜쥐고 가는 것'이라고도 할 수 있다. '작지만 강한 정부', '작지만 야무진 스타트업 기업'처럼 꼭 필요한 것만 챙기는 것이다. 새로운 변화를 맞이하는 나의 인생에 확실하게 내세울 수 있는 핵심 인생 기획안을 만들어 실천하는 것이 바람직하다.

새로운 변화를 추구하려는 퇴직자에게 현재의 핵심 정리정돈 기술 몇 가지를 다음과 같이 권한다.

첫째, 한번에 몰아서 하지 않는다. 수능시험에 벼락치기가 통할까? 재취업 준비도 그렇다. 눈이 쌓이고 쌓이면 치우기가 더 어렵듯 결코 누적된 것들을 단숨에 하지 못한다. 현역일 때부터 천천히 해야 한다.

둘째, 제자리 찾기 연습을 해라. 멘탈이 무너지면 안 된다. 멘탈은 항상성이 있어야 한다. 이전 직장에서의 편안함과 익숙함을 잃지 말자. 일상에서 제자리를 빨리 찾아야 한다.

셋째, 카테고리화하여 정리하라. 지역도 공구상가, 먹자골목, 벤처 밸리 등의 테마별 카테고리로 분류하듯이 나의 능력, 역량, 하고자 하는 일 모든 것을 카테고리로 묶어 구조화하자.

넷째, 타인에게 의존하지 마라. 할까 말까 싶을 때는 망설이지 말고 과감하게 의사 결정을 해야 한다. 주변 지인들에게 물어보면 당연히 하지 말라고 하거나 의지를 꺾는 말을 할 수 있다.

다섯째, 두 개를 버리고 하나를 취한다는 각오로 임해야 한다. 불필요한 것은 최소화하는 것이 기본이며, 반드시 기존의 많은 것을 버리고 새롭고 의미 있는 것 하나를 채운다는 생각과 실천을 해야 한다. 미니멀 라이프는 변화를 맞이하는 퇴직자에게 새로운 동기를 부여하고 앞으로 능률의 향상과 효율적인 삶을 선사하는 삶의 방식이다.

이러한 미니멀 라이프를 실천함으로써 변화의 의미를 부여하고 새로운 환경에서도 자신의 기준과 규율을 유지할 수 있다. "진정한 인생은 정리 후에 시작된다"라는 말처럼 퇴직 후의 새로운 삶 또한 가장 단순하고 간결하게 정리한 후에 다시 시작할 수 있다.

정리정돈의 비법은 버리는 것

최근 등장한 새로운 직업군의 하나인 '정리 컨설턴트'들이 이야기하는 정리정돈의 비법은 의외로 단순하다. 생각보다 많은 것을 버리는 것이다. 집에 돌아다니는 물건들을 버리지 못하면 이렇게 해보라고 한다. 아주 큰 상자에 그 물건들을 두서없이 죄다 집어넣은 다음, 그때그때 필요한 물건들을 거기서 꺼내어 쓰는 거란다. 말하자면 하나하나씩 쓸 만한 물건들을 상자 밖으로 탈출시키는 것. 이는 정리 컨설턴트들이 어떠한 논리적 방법이나 통계적 계산을 거처 발견한 방법일 것이다. 그들은 19일이 지났는데 상자 밖으로 도 망 나오지 못하고 남아있는 물건들은 모두 버리라고 주장한다. 거 의 3주 동안 쓸모가 없다는 것은 쓰지 않는 것과 같다는 말인데 일 리가 있다.

가장 단순하게 정리하는 방법으로 일본 정리의 여왕, '곤도 마리 에'가 한 말이 있다. "설레지 않으면 가차 없이 버려라." 그녀는 정 리정돈으로 인생을 바꿀 수 있다고 했다. 옷장 속의 계절 옷도 결국 꺼내 입는 것은 몇 가지다. 비싸게 주고 산 명품은 명품이기에 설렐 수 있다. 그런 설레는 것만 남기고 일단 모두 비워야 한다. 마음속에 서 계속 움켜쥐고 있는 '아깝다', '언젠가 필요하다'라는 생각도 버 려야 한다.

퇴직을 앞둔 시점에서 내 주변의 버려야 할 것들의 목록을 먼저 작성해보자. 고정관념이나 편견 등이 우선적으로 버려야 할 대상이 다. ①완벽하게 잘하려는 마음 ②내가 아니면 안 된다는 사고 ③한 꺼번에 많은 것을 하려는 의욕은 버려야 할 마인드의 3종 세트이다. 'Give & Take' 사고도 버려야 한다. 주는 만큼 받는다는 사고가 있 으면 나중에 받지 못했을 경우 더 큰 상실감을 얻을 수 있다. 그래 서 줄 때는 미련 없이 그냥 주는 것만으로 끝내야 된다. 주면서 기 대조차 하지 말고, 심지어 이후의 피드백에 대한 생각은 잊어버리 라는 차원에서, 이른바 'Give & Forget'의 사고가 필요하다.

과거에 대한 집착도 버려야 한다. 굳이 찾을 것이 없다면 돌아볼 필요조차 없다. 한때 잘나갔던 사람들은 과거 전성기에 대한 미련과 향수를 잊지 못한다. 전성기를 구가하다 갑작스럽게 퇴직한 직장인들이 더욱 그렇다. 잘나갔든 그렇지 않든 과거는 나 자신의 지나간 역사일 뿐이다. 역사의 교훈은 되새길 수 있지만 돌이킬 수 없기에 지나간 역사는 그냥 지나가게 하는 것이 좋다. 특히 화려했던 과거는 잊어야 한다. 퇴직자들에게도 현역 시절의 역사는 추억으로만 간직하고 계속 들춰보지 말 것을 강조하고 싶다. 많은 부분을 버리고 꼭 필요한 부분을 선택하는 것은 매우 지혜로운 행위다. 이는 퇴직자들에게 주입식으로라도 교육해야 할 내용이다.

버려야 하는 것이 정답이다. 버린 만큼 또 채우면 된다. 버리면 새로운 변화의 장이 열린다. 그래야 더 나은 발전과 변화를 꾀할 수 있다. 영국의 경제학자 존 케인스John Keynes가 말했다. "변화에서 가장 중요한 것은 혁신적인 것이 아니라 갖고 있는 틀을 버리는 것이다"라고. 많은 것을 내려놓고 버려야 한다. 아무것도 버리지 못하는 사람은 결국 아무것도 바꿀 수 없다.

05 결국 셀프 브랜딩이다

셀프 브랜딩은 곧 '호랑이는 죽어서 가죽을 남기고 사람은 죽어서 이름을 남긴다'
는 말과 일맥상통한다. 그러나 죽어서 이름을 남기는 것은 소용없다.
제발 살아서 자기 이름을 만천하에 떨쳤으면 한다.

S부장은 대기업 비서실에서 근무한다.

회장님을 가장 측근에서 보좌하는 비서실장인 A상무의 오른팔이기도
하다. A상무가 회장님의 총애를 받으면서 S부장의 위세와 자존감 또한
사무실 천장을 찌른다. "어이구, ○○그룹 비서실에 다니시는군요." 처
음 만나는 사람에게도 어깨가 으쓱 올라가고 회장과 현장을 함께 수행
하는 날이면 관계사 사장들도 그를 함부로 대하지 못한다. 그러다 보니
그는 관계사 직원들을 마치 을로 대하는 경우가 빈번했다. 보고서는 언
제 제출할 거냐며 자기보다 더 연공 서열과 직급이 높은 임원에게 으름
장을 놓기도 했다.

그러나 그의 직속 상사인 A상무의 비리가 밝혀져 한직으로 밀려나면
서 보좌관이었던 그 또한 그룹 파견에서 관계 회사로 복귀하는 일이 벌
어졌다. S부장은 현장 감각이 없어 아무것도 하지 못했다. 그의 전문성

이라고는 닦달해서 보고서를 받아 이를 잘 취합해서 정리하는 것이 전부였다. 평소에 그에게 시달렸던 임원들은 그에게 비협조라는 '뒤끝 있음'을 보여주었다. 회장과 비서실장의 보호망이 제거된 개인 S부장의 회사에서의 역할은 지극히 미미했다.

비서실장 보좌관이라는 그의 이름도 서서히 잊혀졌다. ∎

계급장 떼고 뭐가 남느냐

'백마병'이라는 병이 있다. 물론 의학적인 공식 병명은 아니다. 왕자를 태우고 다니는 백마가 신하들이 왕자에게 절을 하는 것을 보고 마치 자기에게 절을 하는 것으로 착각해서 '히힝~' 하고 우쭐해하는 병이란다. 재미있는 표현으로 이른바 '후천성 껄떡 증후군'이라고도 하는데 이것이 바로 위 사례에서 S부장이 걸린 병이다.

직장 생활을 어느 회사, 어느 부서, 누구 밑에서 하고 있느냐보다 더 중요한 것은 자기 자신이 어떻게 직장 생활을 하고 있느냐다. 인사 업무를 10년, 20년 하면 뭐하는가? 인사 업무에 정통한 인사통으로 이름값을 하고 있느냐를 자문해야 한다. 이제는 나 자신의 이름을 브랜드로서 알려야 하는 이른바 '셀프 브랜딩Self-Branding' 시대가 도래했기 때문이다.

셀프 브랜딩은 형태가 없는 이름값이다. 오랫동안 직장에서 열심히 일했다고 자부하지만 누군가에게 이름을 이야기했을 때 단지 부서 근무자로만 기억되거나 심지어 이름 뒤로 아무런 연상이나 끝말 잇기가 되지 않는다면 그저 그런 직장인으로서만 생활하고 있는 것이다.

"아, 인사팀에 그분 말야, 인사평가 분야의 전문가야"

"○○○ 부장님은 정말 협상의 달인이셔"

"구매 업무는 ○○를 못 따라가지"

이런 이야기가 나와야 한다. 이름 브랜드는 결국 나 자신의 상품 가치로 이어진다. 이러한 개인 브랜드의 중요성은 이미 사회 각 분야에도 영향을 미치고 있다.

방송을 예로 들어보자. 현대인들은 방송에서 특정 프로그램을 선호할 때 방송국 이름을 보지 않는다. 뉴스만 하더라도 늘 봐왔던 MBC니까 보고, KBS니까 믿고 채널을 고정하지 않는다. 그 뉴스를 누가 진행하는지를 본다. 지상파 뉴스가 한 자리 수 시청률을 보이는 굴욕을 겪기도 한다. 잘 짜여진 각본과 배우들의 열연으로 케이블 TV 드라마가 지상파 드라마를 압도하고, 두터운 고객층을 확보하는 현실이다. 모두가 셀프 브랜딩의 힘이다. 사람들은 'SBS 런닝맨 프로그램'을 '유재석의 런닝맨'으로 기억하고, 어느 방송국에서 제작했다는 것보다는 '나영석 PD'가 연출했다는 것에 더 관심을 갖는다. 유튜브에 각종 팟캐스트와 '먹방', '공부방' 등의 개인 방송이 버젓이 자리를 잡고, 1인 기업이 막강한 브랜드 파워를 과시하기도 한다.

인스타그램에 멋진 사진을 포스팅하며 수만 여 명의 팔로워를 거느린 '인플루엔서influence(영향력을 지닌 사람)'도 개인이고, 유튜브 동영상 채널 구독자만 몇십만 명에 달하는 '실버 크리에이터' 시대를 연 할머니도 있다. 스타 강사들 또한 이름 하나로 전국을 누비며 억대 연봉을 자랑하고 다닌다. 강사도 이름을 대면 무슨 분야 전문 강사인지 개인 브랜드가 있어야 강사 세계에서 생존할 수 있다. 소속은 크게 중요하지 않다. 참고하고 고려하는 정도다. 외국 사람들이 대한민국보다 삼성을 더 많이, 삼성보다 갤럭시 노트 등을 더 기억하는 것과 같은 이치다.

내가 지닌 부착물을 다 떼어내고 달랑 알맹이 이름 하나 남았을 때, 그것만으로도 나를 대변할 수 있는지 점검해보자. 개인 브랜드는 이처럼 소중하다. 직장에서 승진하거나 중요한 업무를 수행할 때 개인 브랜드는 셀프 브랜딩 측면에서 전문적인 역량 자산이 되기도 한다. 어느 부서에 근무하는 김 과장이 아니라 김 과장이 어떤 일에 전문인지를 따지는 때이기 때문이다. 그러므로 내가 하는 일에서의 '셀프 브랜딩'은 개인적 전문 브랜드화 과정으로서 항상 진행형이 되어야 한다. 다 떼어내더라도 이름만은 꿈틀꿈틀 살아서 가야 한다. 중년, 장년, 노년으로 넘어가면서 상황과 환경은 바뀌지만 개명을 하지 않는 한 나의 이름은 남아있다. 퇴직 이후에도 내 이름 덕으로 계속 일하고, 보다 나은 삶을 지탱할 수 있다.

서서히 셀프 브랜딩을 완성하자

손흥민 하면 '축구 영웅', 김연아 하면 '전설의 피겨 여왕', 방탄소년단 하면 '세계적 k-pop 아이돌 그룹'……. 모두 이름으로 연상되는 닉네임이다. 이는 상징적 '셀프 브랜딩'의 궁극적 완성이라 할 수 있다. 이러한 개인 브랜드는 결코 단숨에 달성되지 않는다. 스타나 유명 인사들의 브랜드 속에는 타고난 재능과 피눈물 나는 각고의 노력과 열정이 촘촘히 수놓아져 있다.

아무래도 우리가 이런 거대한 블록버스터와 같은 셀프 브랜딩에 도달하는 것은 무리다. 그저 내가 지금 속해 있는 곳에서만 나의 이름을 알리면 된다. 단 몇 개월 만에, 몇 년 만에 셀프 브랜딩을 완성하려는 것은 과욕이며 건축물로 말하면 날림공사라는 평가표가 옆구리를 찌를 수 있다. 일반 기업이나 특정 상품이 자신의 브랜드를 알리는 데 수년, 아니 수십 년이 걸리듯, 나의 명함이 브랜드화되기까지는 상당한 기간이 소요된다. 무슨 브랜드가 갑자기 툭 튀어나와 사람들에게 기억되는 경우는 결코 없을뿐더러, 그러한 브랜드는 반짝 브랜드일 수밖에 없다. 10년, 20년, 30년이 걸리더라도 믿고 찾는 브랜드 길로 가야 한다.

현직일 때 꾸준히 내가 하는 일에서의 개인 브랜드를 알리고, 퇴직해서 그것을 더욱 가치 있게 키워야 한다. 그래서 인생의 늘그막에서라도 사람들이 나를 찾고 기억해주면 된다. 어느 정도 브랜드 인지도가 생겼더라도 수시로 내가 셀프 브랜딩을 더 잘 하고 있는

지 확인하면서 보완하고 발전시켜 나아야 한다. 완성형인 '셀프 브랜디드 self-branded'가 아니라 진행형인 '셀프 브랜딩 self-branding'인 것이다.

그렇다면 이러한 셀프 브랜딩을 어떻게 확인할 수 있을까? 인터넷 검색창에 자신의 이름을 입력하고 클릭해보라. 나에 대해 무엇이 뜨는가? 내가 직접 저술한 책이나 논문이 소개되고 온라인상에 내 글이 돌아다니고 있다면 이미 셀프 브랜딩을 하고 있는 것이다. 인물 검색에 내가 나온다면 대단한 셀프 브랜딩의 단적인 디스플레이다. 하지만 나와 동명이인의 연예인이나 유명인이 검색되고 나의 활동이 기껏 어느 모임이나 SNS상의 활동에 끼어 소개되고 있다면 셀프 브랜딩과 거리가 멀다고 볼 수 있다. 또한 이미 개인 브랜드를 갖춘 사람과 찍은 사진만으로 덩달아 나의 브랜드가 상승되지도 않는다. 순수한 내 것으로 검색되어야 한다.

가장 심각한 경우는 이름을 두드렸을 때 아무것도 나오지 않는 것이다. 각종 SNS는 휴업 상태이고 심지어 빗장이 쳐져 있다면 지금이라도 휴대폰 개통하듯 다시 시작하기를 권한다. 셀프 브랜딩은 일종의 자기 PR적 속성이 있기 때문에 자신의 브랜드를 알릴 수 있는 플랫폼을 적극 활용하는 것이 맞고, 일을 위해서든 나의 생활을 위해서든 누구나 하는 것은 일단 하고 봐야 한다. 꼭 온라인이 아니어도 나의 브랜드 흔적은 어디에나 남길 수 있다. 관련 기삿거리를 제공해도 되고 책을 한 권 써도 좋다. 책은 가장 표면적인 나의 셀프 브랜딩 수단이다. 출판사에서 불러주지 않으면 그냥 내가 직접 써보는 배짱도 가져보자.

조건부가 하나 있다면 이러한 셀프 브랜딩을 위한 노력들은 이것저것 잡다하게 이뤄지는 것보다 하나의 일관성으로 묶여야 한다. 이른바, 어느 한 분야, 또는 연관된 영역에서 달인이 되어야 한다는 것이다. 셀프 브랜딩을 곧 '창의적 달인'이라고 표현하는 이유다. 예를 들어 내가 경매에 관심 있다면 경매 관련 지식을 쌓고, 해당 커뮤니티에서 활동도 하고, 경매 관련 글을 쓰고 책도 내면 된다. 이는 복합 개념을 기반으로 한 가장 효율적인 셀프 브랜딩이다. 평범한 주부가 경매 공부에 매진하여 경매 분야 박사가 된 후, 《나는 경매를 모르면서 경매를 한다》는 책을 낸 사례는 일반인의 셀프 브랜딩 표준 모델이라고 할 수 있다.

온-오프라인상에 내 작은 편린들이 하나하나 모여 나에 대한 공통분모를 형성할 때 셀프 브랜딩은 자라는 생명체가 된다.

퇴직 전까지 셀프 브랜딩이 가시화되지 않았다면 자발적 퇴직은 망설여야 한다. 내게 아무런 내세울 만한 셀프 브랜딩이 없는데 퇴직을 검토하는 것은 무모하다. 가급적 조직과 직장에서 최대한 고점을 찍을 때까지 셀프 브랜딩 프로그램을 가동하고 어쩔 수 없이 밀려 퇴직했을 때 이를 바탕으로 내가 할 수 있는 것을 또 하면 된다. 강력한 셀프 브랜딩이 나오는 사람에게 구조 조정에 참여하라는 조직은 없다. 오히려 아무것도 브랜드가 없는 사람이 감원 대상 1호다.

지금 하는 일이 바쁘고 자기 관리도 힘든 판에 무슨 셀프 브랜딩이냐고 하소연할 수 있다. 바쁜 업무 중에도 내가 관리하는 영역 내에서, 나에 대한 입소문을 키우라는 것이다. 어차피 지금 하는 직장 생활, 대내외적으로 나를 알려보는 것은 해볼 만한 일이지 않은가?

셀프 브랜딩이 어느 정도 형성되면 퇴직 후에도 할 일이 따른다. 어디든 다시 불러주는 데가 있을 것이다. 능력이 있다면 뭔들 하지 못하겠나.

'다 늦어서 무슨 개인 브랜드?'라고 푸념하지 말자. 70살 문턱에 셀프 브랜딩을 해도 늦지 않다. 〈최후의 만찬〉을 그린 미켈란젤로는 70세를 넘겨 유명해졌다. 파브르는 56세에 곤충을 연구하기 시작해 84세에《파브르 곤충기》로 세상에 이름을 알렸다. 공고한 셀프 브랜딩이 완성되면 한방에 이전의 것을 만회하는 대박이 된다. 그리 팔리지도 않고 안 팔리지도 않는 서점에서 겨우 연명하는 책을 20여 권 정도 꾸준히 써온 작가의 마지막 한권이 베스트셀러가 되면 독자들은 작가의 이전 책도 찾아 본다. 실시간 검색율과 구매율은 급상승한다. 몇십 년간 개인 브랜드 없는 연예인이 영화에서 존재감 있는 연기 하나로 무명의 설움을 딛고 일약 스타가 되는 세상이다. 네티즌들은 그의 엑스트라 시절 연기가 담긴 영화까지 역으로 찾아내 샅샅이 훑어본다.

늦게 배운 도둑질보다 더 무서운 게 늦게 완성한 셀프 브랜딩이다. 셀프 브랜딩은 곧 '호랑이는 죽어서 가죽을 남기고 사람은 죽어서 이름을 남긴다'는 말과 일맥상통한다. 그러나 죽어서 이름을 남기는 것은 소용없다. 제발 살아서 자기 이름을 만천하에 떨쳤으면 한다.

Chapter 3

나만의 경쟁력 확보하기

핵심 설계

01 나에 대한 분석은 필수

퇴직 예정자나 퇴직자들에게도 자신과 사업에 대한 SWOT 분석이 매우
요긴하다. 철저한 현상 분석은 보다 나은 방향으로의 변화 가능성을 이끌고
더불어 사업의 첫 삽도 잘 뜨도록 이끈다.

오랜 공직 생활을 접고 자영업을 하기로 마음먹은 L씨, 괜한 자기
사업보다는 브랜드가 확실한 프랜차이즈 가맹점 오픈으로 가닥을 잡았
다. 이름 있는 가맹점은 실패 확률이 적기도 하거니와 상권 분석 등의
점포 개발 업무를 본사에서 직접 맡아서 해주기 때문에 L씨는 투자 결
정만 하면 되고 운영 또한 노하우를 제공받아 사업이 수월할 거라고 생
각했기 때문이다. 투자 비용은 만만치 않았지만 점포 오픈은 순조롭게
진행되었다.

개점 후 찾아오는 고객이 제법 많아 '이러다 부자되는 거 아냐?'라는
행복한 상상도 했다. 그런데 시간이 지날수록 상황은 반전되었다. 길 건
너편에 경쟁 브랜드가 생긴 것이 좀 마음에 걸린다 싶더니 찾아오는 손
님들의 발길도 조금씩 뜸해졌다. 매장 직원들 중에 한 달을 넘기는 이들
이 거의 없었다. L씨의 점포 운영은 이전보다 버거워졌다. 본사에서는

정해진 지원과 일반적인 자문 외에는 뚜렷한 해결책을 제시하지 못했다. L씨는 자신의 점포에 대해 특별한 관심을 갖지 않는 본사를 보며 매월 꼬박 내는 가맹비와 수수료가 아깝게 느껴졌다.

'도대체 무엇이 문제일까?' 그러다 L씨는 그의 점포를 방문한 조카들로부터 정신이 번쩍 드는 말을 들었다. "삼촌, 요즘 이렇게 장사하면 안 돼요. 삼촌의 운영 방식이 좀 올드한 것 같아요." ■

자신에 대한 타당성 분석을 먼저 하라

경우야 어떻든 모든 문제의 원인은 자기 자신에게 있다. 사업 타당성 검토가 제아무리 완벽하다 하더라도 이를 수용하는 자의 역량과 자질, 또는 사업운영 방식이 잘못되었다면 전체적인 결과는 틀어질 수 있다.

위의 L씨 사례를 보자. 일단 L씨는 오랜 공직생활의 프레임에 매몰된 의식의 한계 때문에 사업 마인드가 전무했다. L씨가 사업을 너무 쉽게 생각하고 본사에 의존한 것도 아쉽지만 그는 사업을 하기에 앞서 자기 자신에 대한 명확한 진단을 먼저 했어야 했다. 단기 직원들이 오래 버티지 못했던 이유 중 하나도 L씨의 보수적 리더십 성향 때문이었을 수 있고, 고객들의 발걸음이 점차 줄어든 것도 L씨의 고객만족 서비스가 낙제에 가까운 것에서 비롯되었을 수 있다. 그러니 신세대 조카들에게 지적받았던 것이다. 기획 측면에서 학생들이 선행 학습을 하듯 사전 분석 작업을 했어야 했다.

흔히 신규 사업을 하려는 경우 기본적인 사업 타당성을 검토하는 분석 도구로서 'SWOT 분석' 기법을 많이 쓴다. 이를 보편적으로 '현상(현재 상황) 분석'이라고도 한다.

'SWOT 분석'이란 현재 당면한 사업 환경을 내부 환경과 외부 환경으로 크게 분류하고 내부 환경에서는 내부적인 강점과 약점을, 외부 환경에서는 외부적인 기회와 위협 요소를 분석하는 대표적인 현상 분석 방법이다. 이러한 4가지 측면을 각각 강점Strength, 약점Weakness, 기회Opportunity, 위협Threat 요소라 하며 이들의 머리글자를 따서 SWOT 분석이라고 명명한 것이다.

새로운 사업을 모색하고자 할 때는 이러한 SWOT 분석을 통하여 내부의 강점과 약점, 외부의 기회와 위협 요소를 찾아내 향후 전략 방향을 설정하는 것이 기본이다.

여기서 중요한 것은 이러한 SWOT 분석을 나 자신에게도 적용해야 한다는 것이다. 자신에 대한 내부적 강점과 외부적 기회 요소인 긍정적 요인을 강화시켜 미래의 발전 방향을 모색해야 하며, 반대로 내부적인 약점 요소와 외부적인 위협 요소인 부정적 요인을 축소 또는 소거하여 이후 바람직한 해결책을 강구해야만 한다. 말하자면 긍정적인 요소는 더욱 살리고 부정적인 요소는 최소화하여 자기자신을 전략화하는 것이다.

L씨의 개인 SWOT 분석을 한번 해보자. L씨는 내부적 약점 요소와 외부 위협 요소가 내부 강점 요소와 외부 기회 요소에 비해 상대

적으로 많았고 또 이를 조절하고 극복하지 못했기 때문에 시간이 지나면서 사업에 어려움을 겪은 것으로 보인다.

〈L씨에 대한 SWOT 분석 결과〉

SWOT 분석 결과를 사업의 전략 방향에 응용하는 것과 똑같이 개인의 방향성에도 활용해야 하는데 그 전략 방향은 4가지다.

①내부적 강점과 외부적 기회 요소를 가진 부문은 사업이나 활동에 집중화하고 ②내부적 강점과 외부적 위협이 있는 사업이나 활동은 이를 다각화해야 하고 ③외부적 기회 요소가 있으나 내부적 약점이 노출되는 사업이나 활동은 보류해야 하며 ④내부적인 약점과 외부적 위협 요소가 많은 사업이나 활동은 철수하는 방향이다. 즉 장점이 많은 부분에 보다 집중하고 단점이 있는 영역은 이를 개선하는 쪽으로 사업 타당성 검토와 개인적 역량 판단에 똑같이 SWOT 분석 결과를 적용해야 한다.

퇴직 예정자나 퇴직자들에게도 자신과 사업에 대한 SWOT 분석은 매우 요긴하다. 철저한 현상 분석은 보다 나은 방향으로의 변화 가능성을 이끌고 더불어 사업의 첫 삽도 잘 뜨도록 이끈다.

〈SWOT 분석에 따른 전략 방향성〉

	기회(O)	위협(T)
강점(S)	집중화	다각화
약점(W)	보류	철수

나에 대한 근본 원인을 파악한다

커피 자판기가 있는 사무실 복도 바닥이 지저분한 원인이 직원들이 들고 다니다가 흘린 커피 때문이었다고 밝혀졌다고 치자. 커피를 주범으로 몰아 해결책을 찾는다면 복도 바닥이 과연 깔끔해질까?

복도 바닥을 깨끗하게 하자고 커피를 들고 다닐 때 흘리지 않도록 조심하게 하고, 가급적 커피를 적게 흘리는 방법을 연구하고, 급기야 커피를 마시지 말라는 처방까지 나온다면 이는 애꿎은 커피에 대한 가혹 행위일 듯하다.

하지만 복도 바닥을 지저분하게 만든 범인이 커다란 화분이었다면? 즉, 통로 바닥이 왜 지저분해졌는지를 분석해보니, 커피를 많이 흘려서 그런 것이고, 왜 커피를 많이 흘리는지 살펴보니 커피를 들고 이동하다가 흘리는 것이고, 왜 이동하다가 흘리는지를 알아보니 자판기 앞에 앉아서 커피 마실 공간이 없어서이고, 왜 공간이 없느냐 했더니 커다란 화분이 차지하고 있어서였다면 복도 바닥을 지저분하게 만든 장본인은 전적으로는 아니더라도 화분이다. 화분이 복도를 커피로 조금이나마 물들게 한 근본 원인으로 밝혀진 것이다.

이렇게 원인을 체계적으로 밝혀내는 분석 도구가 바로 '5WHY' 기법이다. 'WHY?'라는 것을 5번까지 한다고 해서 '5WHY'이다. 글로벌 컨설팅 회사 맥킨지에서 주장하는 원인 분석 방법이다. 주로 문제 해결을 위한 분석 도구로서 표면적인 원인이 아닌, 숨어있는 근본 원인을 찾을 때 자주 활용한다.

5번째 WHY를 향해 마치 끝말잇기처럼 차례로 원인을 도출하다보면 근본 원인은 그 과정상에서 나올 수 있다. 앞의 더러운 통로 바닥의 원인 제공자인 '커다란 화분'은 네 번째 WHY에서 나온 결과다. 뭔가가 잘 풀리지 않고, 뜻하지 않은 결과가 나오고 지속적으로 문제가 발생한다면, 해당 사안에 대해 언제든 5WHY를 돌려볼 필요가 있다.

앞의 L씨의 임시 직원들의 이탈에 대한 것을 5WHY로 풀어내 보

자. 직원들이 떠났던 이유는 사장의 지시 일변도의 점포 운영 방식에 있었고 직원들은 그의 지시가 싫었던 것이다. L씨가 경험한 관료적 보수 문화에서 파생된 생각과 행동이 바뀌지 않는 한 악순환은 반복될 수밖에 없다. 땅속 깊이 숨어있는 나무의 뿌리나 빙산의 수면 아래에 있는 거대한 부분과도 같은, 이러한 보이지 않는 근본 원인 분석을 철저히 찾아내야만 실질적인 문제 해결의 실마리를 찾을 수 있다. L사장의 지시형 리더십 마인드가 직원들의 이탈의 근본 원인임을 조카가 지적해주었으니 그도 이제 변해야 하지 않을까?

〈5WHY 원인 분석 기법 예시〉

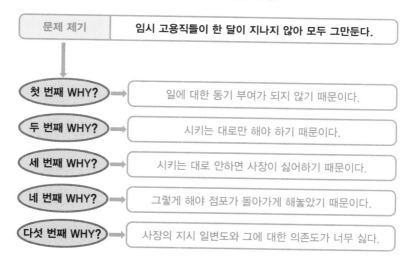

문제 제기	임시 고용직들이 한 달이 지나지 않아 모두 그만둔다.
첫 번째 WHY?	일에 대한 동기 부여가 되지 않기 때문이다.
두 번째 WHY?	시키는 대로만 해야 하기 때문이다.
세 번째 WHY?	시키는 대로 안하면 사장이 싫어하기 때문이다.
네 번째 WHY?	그렇게 해야 점포가 돌아가게 해놓았기 때문이다.
다섯 번째 WHY?	사장의 지시 일변도와 그에 대한 의존도가 너무 싫다.

퇴직을 앞둔 사람들에게도 퇴직을 할 수밖에 없는 근본 원인이 있다. 과거의 행동에 대한 원인까지 탈탈 털어 들춰낼 필요는 없겠

지만, 앞으로의 미래에 영향을 미치거나 파생될 문제에 대한 근본 원인을 파악하는 것은 매우 중요하다. 인생 후반기를 위한 반환점에서 원인 분석의 실패로 두 번, 또는 그 이상의 시행착오를 겪게 되는 것을 방지하기 위해서다.

모든 잘못된 사안에는 원인이 존재한다. 이왕 새롭게 시작하는 마당에 지극히 표면적인 것보다 숨어있는 것들을 잘 찾아내어 걸림돌이 되는 근본 원인을 제거하고 넘어가야 한다.

또한 내가 처한 고민에 대한 5WHY 분석은 갈등 해결의 실마리를 찾는 데 적극적인 도움을 줄 수 있다. '나'에 대한 SWOT 분석과 5WHY 분석은 나 자신의 현재 상태와 문제의 원인을 알고 효과적인 미래 대처 방안을 수립하기 위한 근거 자료를 제시해준다.

이유 여하를 막론하고 제대로 된 분석을 통해 실질적인 인생 기획에 드라이브를 걸어보자.

02 6개월 이내의 로드맵을 그려라

계획은 기획 이후에 나오는 구체적인 실행안이다. 기획은 장기적으로 해도 되지만 계획이 장기적이면 시대 트렌드와 이슈를 놓칠 수 있다. 오래전부터 기획하고 가까이 오면 계획하는 것이 가장 모범 답안이다.

평생 교단에 섰던 B교장은 이제 얼마 후 퇴직을 앞두고 있다.

그는 이를 알고 3년 전부터 퇴직 이후의 삶을 계획해왔다. 말하자면 은퇴 후 소일하거나 무료한 시간을 보내지 않기 위해 새로운 인생의 중장기 플랜을 짰던 것이다. 각종 교육기관에서 제공하는 생애 설계, 은퇴 준비 과정 교육 프로그램 등도 성실히 수료했다. 퇴직 후 인생 전략과 방향을 설정하고 이에 따른 실행 계획을 수립하는 '인생 후반기 로드매핑'에 대한 이야기는 B교장을 자극했다. 시간이 날 때마다 인생 플랜을 설정하고 또 검토했다. 그러나 막상 퇴직을 하고 나니 현직 때 남긴 그 거대한 중장기 '인생 사용 설명서'는 비교적 큰 도움이 되지 못했다.

일단 변화무쌍하게 바뀐 사회 환경이 생각보다 너무 낯설었다. 그가 짠 계획에서 놓쳐버린 인공지능, 모바일 스마트 세상은 예상보다 빠른 속도로 변화를 주도해 나갔다. 가령 시중 은행을 통해 설계한 은퇴 후 재테크 과정 같은 것들이 금리 변동과 인터넷 은행의 역할 증대, 가상화폐 사용 등의 변수로 인해 대폭 수정이 불가피해졌다.

자고 일어나면 조금씩 바뀌는 세상은 보수적 인생 설계에 보다 유연하고 유동적인 플래닝을 요구했다. B교장은 난감해졌다. ▪

중장기 계획 세우지 마라

계획이 있는 것과 없는 것의 차이는 명확하다. 집을 지을 때 설계도에 따라 짓느냐와 그저 막 짓느냐와 같은 의미다. 설계도가 있어야 함은 당연하지만 집을 짓기 위해 5년 전, 10년 전부터 도면을 작성하고 자재를 구입하는 준비성을 보여줄 것까지는 없다.

여기서 기획과 계획의 차이점을 짚고 넘어가보자. 계획은 기획 이후에 나오는 구체적인 실행안이다. 기획은 장기적으로 해도 되지만 계획이 장기적이면 시대 트렌드와 이슈를 놓칠 수 있다. 오래전부터 기획하고 가까이 오면 계획하는 것이 가장 모범 답안이다.

미래 새로운 먹거리를 찾고자 기획을 하고 '4차 산업혁명' 이전부터 무리한 계획을 할 경우, 시대를 선도하는 드론 기술이나 코딩 기술을 놓칠 수 있다. 그래서 계획은 중장기성이기 보다는 최신 트렌드를 반영한 단기성이어야 한다. 한때 세계적인 대기업이었던 코닥과 노키아도 일찍부터 디지털 카메라, 스마트폰의 세상을 염두하고 준비했다. 이에 대한 장기 연구팀도 있었다고 한다. 그러나 규모가 작게 정해진 형식적인 계획으로 인해 결국 몰락하고 말았다. 그들은 당분간은 필름 시장과 피처폰이 우세할 것으로 보고 스마트폰과 여기에 탑재되는 카메라에 대한 연구 개발 사이즈를 비교적 작게 잡았던 것이다. 스마트폰이 확산되기 시작할 무렵에 시장을 선점하는 계획으로써 과감하게 변화를 추진했어야 했다.

기획은 계획 이전에 실시하는 보다 큰 설계다. 기획을 통해 계획이 구체화된다고 보면 된다. 꿈과 비전은 기획의 개념으로 넓고 크게, 전개와 실행은 계획으로 좀 더 세부적으로 해야 한다. 마찬가지로 보다 멋진 퇴직 인생을 맞이하기 위한 기획은 가급적 현직에 있을 때, 퇴직이 이뤄지기 수년 전부터 하고 실행 계획은 퇴직 시점에서 수개월 단위로 촘촘하게 이뤄져야 한다. 내비게이션 속성과도 같은 인생 로드맵은 단기 계획의 조합으로 완성할 수 있다.

길찾기 내비게이션도 가고자 하는 목적지가 있을 때 그때그때 경로를 탐색하는 것이 맞다. 아무리 시간이 철철 남아도 몇 달 후에 내려갈 고향길을 위해 미리 목적지를 설정하는 사람은 없다.

이는 변화 전에 대응을 못 박아두는 중장기 계획을 세워 차후 급격한 변화에 제대로 대처하지 못하는 것과 결코 무관하지 않다.

6개월 이내의 로드맵을 짜라

우리는 한해의 끝자락이나 시작점에서 대단한 새해 계획을 세운다. 그리고 얼마 동안의 기간만 계획을 실천하다 결국 이를 지키지 못하고 다시 무기력하게 살아간다. 그러다 또 해가 넘어갈 때쯤 다시 커다란 계획을 세우고 또다시 해를 넘기며 아쉬워하는 악순환을 되풀이하고 있다. 왜 동일한 실패를 반복할까? 계획 자체가 긴 시간을 할애하는 무리한 계획이어서 그렇다.

중장기 계획보다는 단기 계획, 단타 계획을 세워보자. 하루 계획, 주간 계획, 월간 계획 등등……. 좀 길어진다면 분기 계획이나 최대 6개월 정도의 플랜이어도 좋다. 우리가 연초에 누구와 약속을 할 때 "올해 가기 전에 한번 보자"라고 말하는 사람은 신뢰감이 없다. "우리 언제 한번 밥 먹자"라는 말은 더욱더 계획성이 모호한 말이다. "다음주 목요일 저녁에 만나자." 이런 구체적 단기 계획에 더 믿음이 간다. 중장기 로드맵은 큰 그림으로서 가치가 있을 뿐, 실행 논리로서는 그다지 추진제가 되지 못한다.

퇴직 후의 상황도 단기 변동성의 시대 조류를 충분히 감안해야 한다. 그래서 방망이를 길게 잡고 홈런을 칠 생각보다는 짧게 잡고 안타라도 때려내는 접근 방법으로 인생 로드맵을 설정하기를 권한다. 솔직히 중장년층이 청소년층이나 20대처럼 미래의 부푼 꿈을 설계하며 창창한 내일이 있다는 것을 축복하는 세대는 아니지 않은가? 이제는 '어떻게 하면 내가 하고 싶은 일을 하면서 진정 행복하게 살 수 있을까?'에 대한 당장의 물음에 충실해야 한다. 인생은 긴 여정이라지만 최대 6개월 이내로 잘라낸 카테고리형 미래의 청사진을 그려내도록 해보자.

아침에 일어났을 때 '오늘은 기필고 뭘 해야지!'라는 계획부터 '이번 주에는 꼭 이 책을 읽어야지!', '이번 달에는 꼭 누구를 만나야지!'라는 단기 계획을 실행 패키지 상품으로 만들어 움직여보자. 재미도 있고 성취감도 있을 것이다.

재테크도 그렇다. 5년 적금 상품을 드는 사이, 단기 펀드 상품이 잘되면 5년 정기 적금 금리 인상분을 한해에 달성할 수 있다. 멀리 보고 투자한다지만 갑자기 반전되는 상황에 도래했을 때, 그 금전적, 정신적 손해는 어떻게 할 것인가? 그래서 펀드 상품도 가입한 후 주식형과 채권형 등으로 시대 변동성에 맞게 조정할 수 있는 상품이 인기가 많은 것이다. 계단의 끝을 보려 하지 말고 눈앞의 한 계단에 집중하여 차곡차곡 올라가도록 해야 한다.

매월 일정한 월급을 꼬박 받는 게 낫고 어떤 때는 하루하루 일수 찍는 재미가 더 쏠쏠하듯, 퇴직 후의 목표와 방향이 정해졌다면 거창한 로드맵보다는 그때그때의 현실적 로드매핑을 하는 게 훨씬 인생살이에 이롭다. 그 과정에서 하나씩 남김 작업도 병행해야 한다. 그런 의미에서 기록은 단순하지만 가장 강력한 로드맵의 '유닛unit'이다. 로드맵을 머릿속에 그리는 것보다 종이나 스마트폰 또는 태블릿PC 등에 적는 것은 매우 유의미한 작업이기도 하다. 그러나 우리는 이러한 메모 습관에 너무 인색하다. 메모만 하고 읽지 않는 더 한심한 경우도 있다.

흥미로운 조사가 있다. 퇴직자들의 심정을 물었더니 먹고사는 것을 걱정하는 사람들이 60%, 될 대로 살겠다는 사람들이 27%, 마음

을 비우겠다는 사람들이 10%, 겨우 3%의 사람만이 현재 상태를 기록하고 있다고 응답했다.[*]

여기서 중요한 것은 이러한 기록이 결국 나중에 중요한 영향을 미친다는 것이다. 꽤 오래된 시기의 조사지만 하버드 경영대학원생을 대상으로 한 비슷한 조사 결과도 있다.

졸업 후 인생에 대한 명확한 목표나 계획을 얼마나 세우고 있냐고 물었더니 수재 중의 수재인 하버드 경영대학원생들 중에서도 자신의 인생을 철저하게 기록하여 계획한 사람은 전체 졸업생의 3%에도 못 미쳤다고 한다. 그들 중 13% 정도가 기록까지는 하지 않았지만 그럭저럭 어느 정도 계획을 하고 있다고 했고, 무려 84%에 달하는 인원이 공부하느라 너무 힘들었으니 당장은 아무 생각 없이 휴가부터 즐기겠다고 했다. 10년 후의 통계가 놀랍다. 각계 각층에서 활동하는 위 세 부류의 응답자들을 10년이 지난 후 추적해보니, 계획을 철저히 세우고 기록한다는 응답자들과 졸업 후 여름을 즐기겠다고 한 응답자들의 수입이 무려 10배나 차이가 났다고 한다.[**]

계획에 따른 기록 유무는 이렇게나 차이가 크다. 퇴직자 중 기록을 철저히 한 3%도 아마 수년 후에는 다른 사람들과 간극이 큰 삶의 유형을 보여줄 것 같다. 기록맨(우먼)들이 잘 될 가능성이 더 높으리라. 어떤 형태든 인생의 로드맵을 설정하는 것은 타당하고, 그 로드맵은 단기적 계획의 조합이면 더욱 좋겠다. 더불어 로드맵이

[*]　　중앙일보, 2018년 5월 13일자 참조.
[**]　　마크 매코맥 저, 구은영 역, 《하버드에서도 가르쳐 주지 않는 것들》, 길벗, 1999년.

결정되면 이를 기록으로 받쳐주는 작업은 강추다. 현실적으로 간단하게 '매달 월급이 나오게 하는 게 나의 목표다'라고 적어 놓고 몇 달 내 실천하고자 하는 구체적인 방법을 찾는 것은 고무적인 계획 행동인 듯싶다.

이제 퇴직자들에게 이렇게 고하고 싶다. "내 제2 인생의 단기 로드맵을 그려라"

03 나의 포트폴리오를 관리하라

저축하고 투자하는 재테크 등의 재무적 포트폴리오는 별도로 하더라도, 능력의
포트폴리오부터 주의깊게 관리하자. 캐시 카우형 능력의 포트폴리오를 확실히
구축하면 이것이 나중에 돈이 되는 재무적 포트폴리오가 되어 효자 노릇을
톡톡히 해줄 수 있다.

A와 B씨는 모두 가수다.

차이점이 있다면 A씨는 노래만 하는 가수이고, B씨는 노래와 연관된 여러 가지 일도 하는 가수이다. A가수가 무대 기반의 전업 가수로만 활동하는 것은 B씨보다 더 유명하고 바쁘기 때문이다. A가수는 늘 자신이 노래 이외에는 다른 것을 할 여유가 없다고 말한다. B가수는 자신의 노래를 디지털 음원으로 만들어 이를 서비스하는 업체의 플랫폼에 탑재한다. 또한 음악 관련 책도 쓰고 가수가 되고자 하는 사람들을 지도하고 관련 강좌에도 열심이다. 이들은 큰 돈은 되지 않지만 모두 가수 이외의 부수입원이 되어주는 것들이다.

A가수는 B가수의 다양한 포트폴리오를 비웃으며 변함없이 가수로서만 활동했다. 그 후 10년이 넘게 흘렀다. 중년을 훌쩍 넘긴 A와 B가수 모두 공연 기회가 줄었다. 목소리도 예전 같지 않았다. 젊은 가수들

이 그 틈을 치고 올라왔다. A가수가 버는 수익은 10년 전보다 훨씬 못한 라이프 스타일을 가져다주었다. B가수도 사정은 마찬가지였지만, 그가 꾸준히 발전시켜온 부수입원이 이제 주수입원으로 생활을 지탱해주었다. 온라인 음원 수익, 개인 지도 수입, 강사료 등 모두가 크고 작은 힘이 되었다. A가수는 일찍부터 다양한 포트폴리오를 갖춰 온 B가수가 한없이 부러웠다. ■

캐시 카우형 포트폴리오를 짜라

포트폴리오portfolio는 원래 내용을 집약한 '서류 가방' 또는 '자료 수집철'을 뜻하지만 위험을 줄이고 투자수익을 극대화하기 위해 여러 종목에 나누어 투자하는 주식투자 방법을 일컫는다. 이른바 '계란을 한 바구니에 담지 마라'라는 말로써 위험을 분산한다는 의미이기도 하다. 능력에서의 '포트폴리오'라 함은 자신이 보여주려는 다양한 능력을 보이지 않는 서류 가방에 정교하게 나누어 담아 위험관리를 해야 하는 것 정도로 해석하면 되지 않을까 싶다.

흔히 말하기를 포트폴리오가 잘 짜여 있으면 든든하다고 한다. 퇴직이나 은퇴 후 노후를 위한 재테크 포트폴리오 또한 이른바 '3종 패키지 연금'인 ①국민연금 ②퇴직연금 ③개인연금에 골고루 가입하여 안정을 꾀하라고 하지 않던가?

다양한 포트폴리오는 상쇄 효과를 가져다준다. 대기업들의 여러 가지 상품과 사업군은 한쪽의 매출이 저조하면 매출이 좋은 다른 부문이 이를 메꿔주어 전체적인 손익을 따졌을 때 이익 구조를 지키게끔 한다. 국내 굴지의 'S전자'가 스마트폰 사업에 부진해도 반도체 부문이 약진해서 먹여 살리는 경우가 이에 해당한다.

이러한 의미에서 보았을 때 능력 또한 같은 계열로 소위 몰빵하는 것은 지극히 위험하다. 극단적으로 한쪽 능력이 붕괴되었을 때 이를 보완할 수 있는 능력을 보유해야 한다. 말하자면 휴대폰에 내장된 주배터리가 방전되었을 때 휴대폰의 기를 다시 살려주는 보조 배터리와 같은 것이 필요하다. 위의 사례처럼 가수가 노래 이외에 연관된 부가 활동은 바람직한 포트폴리오 관리의 예라고 할 수 있다.

한걸음 더 나아가보자. 이왕 보조 배터리 역할을 하는 능력군을 갖춰야 한다면 이는 '캐시 카우cash-cow형'이 되었으면 한다. 즉, 가만있어도 수익을 창출해주는, 지속적으로 돈을 벌어다주는 능력 요소를 말한다. 저작권료, 수수료, 임대료 등이 여기에 속한다. '캐시 카우'가 없으면 불안하다. 직장 생활하는 동안의 분명한 '캐시 카우'는 급여다. 급여는 내 능력을 제공하고 받는 대가다. 그러나 퇴직 후 나의 능력을 사주는 곳이 없으면 급여라는 '캐시 카우'는 도망간다. 그래서 불안하다. 요즘 초등학생들도 희망한다는 '건물주'라도 된다거나 벌어놓은 재산이 많다면 캐시 카우 걱정은 단단히 붙들어 맬 수 있다지만, 순전히 월급 의존형으로 버텨온 일반 직장인들에게 '캐시 카우형' 능력의 보유는 차후 생존과 직결되는 과제이기도 하다.

따라서 현직일 때 퇴직해서도 어느 정도 버틸 '캐시 카우형' 능력을 보유해야 한다. 그게 안 되면 현역일 때 왕창 돈 벌어 퇴직 때 쓸 돈을 어딘가에 꽁쳐 두어야 한다. 그러나 후자는 노력해도 쉽지 않다.

캐시 카우 창출을 위한 포트폴리오를 짜보자. 월급 말고, 주수입원에 의존하지 않고 할 수 있는 것이 뭐가 있을까? 수익형 서랍을 여러 개 갖춘 캐비닛을 준비해야 한다. 월급이 나오는 현재의 서랍, 또 하나의 수익이 나올 수 있는 가까운 미래의 서랍, 또 하나의 수익을 나에게 창출해주는 먼 미래의 서랍 등……

일이 끝난 후 대리운전을 하고, 일과 후 음식점에서 아르바이트를 하는 것은 진정한 포트폴리오 활동과는 거리가 멀다. 서랍은 같은 캐비닛의 것이어야 한다. 영업 캐비닛을 가진 사람이 갑자기 관리 캐비닛의 서랍을 준비하는 것은 부적절하다. 저축하고 투자하는 재테크 등의 재무적 포트폴리오는 별도로 하더라도, 능력의 포트폴리오부터 주의깊게 관리하자. 캐시 카우형 능력의 포트폴리오를 확실히 구축하면 이것이 나중에 돈이 되는 재무적 포트폴리오가 되어 효자 노릇을 톡톡히 해줄 수 있다. 현직일 때 직무와 관련된 자격증도 따고, 책도 쓰고, 개인 방송도 하고 SNS에 적극적으로 자신을 알리는 등 억척스럽게 나에 대한 분산 투자를 해보자. 꾸준히 하면 그중 하나가 얻어걸려 나의 캐시 카우형 포트폴리오가 되어줄 것이다.

한 가지 예로, 만약 나의 직업이 강사라면 다음과 같은 포트폴리오를 짤 수 있다.

〈능력 포트폴리오 설계 예〉

오프라인 강의		온라인 강의
• 집합 교육(강사료) • 1:1 지도(코칭비) • 자문 및 평가(자문료 및 평가 수당)	**강사**	• 온라인 과정 개발(개발비) • 온라인 수강(저작권 수수료) • 개인 방송(구독료, 광고비)
컨설팅·개발		집필·기타
• 관련 프로젝트 수행(용역비) • 프로그램 설계(개발비) • 교육 TOOL 제작(판매비)		• 도서 집필(인세 수입) • 칼럼 쓰기(원고료) • 대외 위촉 활동(활동비)

역량의 우선순위를 판단하여 대응하자

직장에서 요구하는 직장인으로서의 갖추어야 할 역량은 너무나
도 많다. 이를 모두 갖추라고 하는 것은 인간을 넘어 신이 되라는
것이다.

〈직장인의 필요 역량〉

계획 수립	대인 친밀성	권한 위임	리더십
기획력	관계 구축	창의력	정보 관리
핵심 파악	상사 보좌	동기 부여	조직 적용
전략적 사고	협동력	유연성	위기 대처
분석력	대인 이해	감수성	목표 관리
독립성	조직 헌신	보고력	손익 관리
시간 관리	문서 작성력	의사 결정	업무 조정
철저한 확인	의사소통	추진력	협상력
책임감	설득력	결단력	갈등 관리
성실성	고객 지향	타인 육성	공정성
자기 확신	성과 지향	도전 정신	스트레스 내성
자기 절제	비전 제시	자기주도	긍정적 사고

앞의 역량 항목 중 나에게 필요한 것을 찾아서 분류해보자. 포지셔닝 기법을 활용해서 내 역량의 분포도를 그리는 방법이 있다. 작성 기준은 두 가지다. 해야 하는 것과 내가 잘하는 것. 직장 일이라는 게 하고 싶은 것이 그리 많지 않기에 그것은 빼자. 그러면 다음 네 가지 경우가 나온다.

① 내가 잘하면서 해야 하는 것
② 내가 잘하지 못하지만 해야 하는 것
③ 내가 잘하지만 아직 해야 하는 것이 아닌 것
④ 내가 잘하지도 못하고 해야 하는 것도 아닌 것

이렇게 나의 역량 포지셔닝 기법을 활용하면 내가 현재 무엇을 먼저하고 나중에 무엇을 할지에 대한 우선순위를 결정할 수 있다. ①이 내가 가장 먼저 개발하고 집중해야 할 영역이다. ②는 해당 역량을 유지하고 ③은 역량 개발을 보류하는 차선책의 우선순위다. ④는 개발의 우선순위에서 가장 밀려난, 제거할 영역이다. 현직에 있을 때나 직장을 떠나서나 그 시점에서 자신의 현재 상태를 진단하여 나오는 ①번 항목은 내가 가장 소중하게 관리해야 할 부분이다. 이 소중한 영역이 바로 나의 '먹고사니즘'의 해결사인 지속적인 밥벌이가 되어 줄 수 있다.

역량 포지셔닝을 매트릭스 구조화 기법으로 나타내면 다음과 같다.

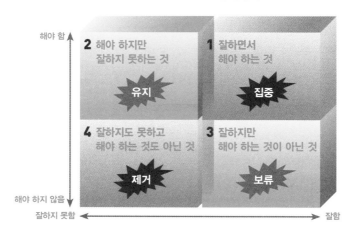

〈역량 포지셔닝 구분과 실행 방향성〉

해야 함

2 해야 하지만
잘하지 못하는 것
유지

1 잘하면서
해야 하는 것
집중

4 잘하지도 못하고
해야 하는 것도 아닌 것
제거

3 잘하지만
해야 하는 것이 아닌 것
보류

해야 하지 않음

잘하지 못함 ← → 잘함

　퇴직 시점에 도착해서야 원점에서부터 다시 능력을 개발하고 역량을 갖추는 것은 지극히 불가능한 일이다. 나의 역량은 자동차의 배터리나 바퀴처럼 다 쓰고 갈아 끼우는 소모품이 아니다. 핵심 역량이 자동차 엔진이라면 기타 역량은 각종 센서와 제어 장치라고 할 수 있다. 닦고 조이고 기름 칠한다고 할까? 쉽게 수명이 다하지 않도록, 고장나거나 노후화되지 않도록 역량 또한 수시로 포지셔닝을 점검하고, 문제가 있는지 살펴보고 필요한 조치를 해야 한다. 요즘 자동차는 관리만 잘하면 족히 10년은 탈 수 있다. 자동차 수명을 사람에 비교한다면 자동차 1년을 사람 10년의 기간 비율로 따졌을 때, 신차 뽑고 5년 이후는 중년 이후의 세월과 같다. 중년 이후의 남은 50년은 앞으로 거뜬히 5년은 족히 더 주행할 수 있는 자동차처럼 자신 있게 달려가야 한다.

연식이 오래되었다고 기능을 발휘하지 못할 것이라는 생각은 하지도 말자. 나의 포트폴리오 관리만 제대로 한다면 오래되어 낡았어도 얼마든지 성능 좋은 자동차처럼 멋진 퇴직 인생을 만들어나갈 수 있다.

04 MECE 역량 갖추기

퇴직 후에 다시 일자리를 얻고자 한다면 중복 회피, 누락 회피 개념을
숙지해야 한다. 나아가 일상 업무를 수행할 때도 이를 습관화해야 한다.

직장 생활 내내 재무팀에서 자금관리 업무를 담당했던 S부장.
그에게도 퇴직이 찾아왔다. 자금 담당 관리자답게 퇴직금과 그동안
모은 돈을 합쳐 조그마한 편의점을 오픈했다. 하지만 같은 상권 내에 동
일한 편의점이 있다는 것을 감지하지 못했다. S부장은 회사에서는 내로
라하는 '재무통'이었지만 자금 사정에만 눈이 밝았지, 점포 운영에는 거
의 왕초보 수준이었다. 곧 한 블럭 건너 생긴 경쟁 편의점에 뒤쳐져 대
기업 편의점임에도 문을 닫아야 했다.
다시 재기하고자 부동산 투자에 관심을 가졌다. 많은 연구를 해서 택지
개발 사업으로 지정된 곳과 인접한 땅을 사들였다. 그러나 택지지구가
신도시로 발전할 때도 그가 구입한 땅은 시세가 꿈틀대지 않았다. 그는
정작 중요한 주변 땅의 구입을 놓친 것이다.
S부장은 두 번의 실패를 겪었다. 그는 후에 기획력 학습에서 MECE

이론을 배우면서 자신의 첫 번째 실패는 동일한 업종의 선택이라는 '중복'을 피하지 못해서였고, 두 번째 실패는 정작 값어치 있는 땅을 구입하지 못한 '누락'을 회피하지 못함에 있었다는 것을 가슴 깊이 깨달았다. ▪

중복되고 누락되지 않는 업무 수행을 습관화

역시나 세계적으로 유명한 컨설팅 회사인 맥킨지에서 말하는 대표적인 논리적 사고 이론 중에서 '중복 회피, 누락 회피'를 뜻하는 'MECE(Mutually Exclusive, Collectively Exhaustive)'라는 말이 있다. 논리를 구성할 때 내용상 겹치는 부분이 없어야 하고 필요한 내용을 빠짐없이 포함시켜야 한다는 것을 강조하는 말이다. 이는 업무 수행에서도 예외가 아니다.

먼저 중복의 개념을 살펴보자. 콜센터 상담원이나 간호사와 같은 특정 직업을 제외하고 같은 부서 내에서 내가 하는 업무를 누군가 똑같이 한다고 가정해보자. 고유 업무가 아닌 쌍둥이 업무라는 사실에 서운해하지 않을 이는 없을 듯하다.

투자에서도 그렇다. 동일한 곳에 중복 투자를 해보라. 예산 낭비라는 감사의 칼날을 피하기 힘들다. 누락 개념도 마찬가지다. 나를 빼고 회의를 진행하고 점심시간에 나만 빼놓고 부서원들이 함께 식사하러 갔다고 해보자. 학창시절 때 왕따와 같은 심정을 느낄 수 있으리라. 중요한 보고서에 정작 핵심사항을 누락시켰다면? 한동안 상사의 따가운 눈총에서 벗어나기 힘들 것이다.

　그렇기에 이러한 '중복 회피, 누락 회피'의 'MECE 이론'은 기획의 핵심 파악 측면에서 매우 중요한 개념으로 자리 잡아왔다. 이를 어기면 핵심을 제대로 도출하지 못했다는 치명적인 결격 사유가 되기도 한다. 만일 직장에서 직원들 역량을 파악하는데, 역량 항목 체크 리스트에 '영어를 잘하는 직원'과 '외국어를 잘하는 직원'이라고 써놓았다면 진단 항목이 중복됨으로 인해 해당 진단지를 기획한 직원에게 질타가 이어질 것이다. 또 여기에 과거의 역량 항목 체크에 의존하여, 'PC 활용을 잘하고, SNS를 잘하는 직원'을 평가 항목에 빠뜨렸다면 그것을 누락시킨 직원에게 책임을 물어 그를 승진 후보자에서 누락시킬지도 모른다.

〈MECE 개념 이해〉

　퇴사나 퇴직 후에 다시 일자리를 얻고자 한다면 위의 '중복 회피, 누락 회피'라는 개념을 늘 숙지해야 한다. 나아가 일상 업무를 수행

할 때도 이를 습관화해야 한다. 그래야만 핵심 파악도 잘하고 야무진 업무 처리를 통해 이후 어디에 가든 헤매지 않고 잘 적응할 수 있다. 전 직장에서 덜컥거렸던 업무는 절대로 새 직장에서 흔들림 없는 업무로 거듭날 수 없다.

'중복 회피, 누락 회피'는 중장년층이 제2인생을 기획할 때도 반드시 등장시켜야 할 개념이다. 또한 남들과 똑같이 사는 중복되는 삶보다 나만의 인생을 살고, 하고 싶은 것을 누락시키지 않고 인생 후반전을 실천한다는 의미에서 이들의 상호작용은 크다.

이래저래 중복과 누락을 회피해야 함은 젊어서도 과제고 나이 들어서도 숙제인 셈이다.

MECE 방식의 자기계발 실천하기

자기계발을 모색할 때도 '중복 없이, 누락 없이' 이론을 응용하기를 권한다. 여기서 중복을 회피한다는 것은 그저 남들 하는 대로 따라하거나 그들이 하는 것과 똑같은 것을 하지 말라는 의미이며, 누락을 회피함은 하고자 하는 것을 빠뜨리거나 어느 부문을 소외시키지 말라는 의미다.

취업을 꿈꾸고 준비하는 지원자들은 왜 엄청난 스펙을 갖추고도 결국 불합격의 고배를 마시는 것일까? 바로 벽돌처럼 똑같이 찍어낸 일률적인 스펙 쌓기로 인해 중복되어 있거나, 변별력 있고 희소성 있는 진정한 스펙이 누락되었기 때문이다.

중복 회피 관점에서 퇴직을 준비하는 자기계발 분야 중 어학의 사례를 들어보자. 누구나 다 영어를 비중 있게 다루려고 한다. 젊은 세대들은 대부분 영어를 잘한다. 그렇다면 오히려 영어는 변별력이 없으니 이미 포화 상태인 영어에 매진하지 말고 희소성이 있는 언어를 학습해보는 것이 어떨까? 실제로 일찍이 현직에 있을 때부터 아랍어나 스페인어를 공부하여 퇴직 후 취업이나 진로에서 유리한 고지를 선점한 사람들이 있으니 그들의 지혜에 박수를 보낸다.

누락의 의미도 마찬가지다. 일과 여가 생활 또는 자기계발이 균형을 이루어야 하는데 지나치게 일 중심적으로 생활하면 정서적 힐링과 자신의 발전을 누락시키는 오류를 범하게 된다. 어느 한 가지에만 집중해서 다른 곳에서 누수가 발생하는 것인데, 이는 좀처럼 성공을 보장받기 힘든 자기계발 방식이다. 마치 수험생이 언어 영역과 사회탐구 영역만을 공부하면서 수리 영역은 누락시킨, 이른바 '수포자(수학 포기자)'가 되어서도 수능에서 우수한 성적을 기대하는 것과 같다.

퇴직 전 직장 생활을 할 때, 직무 관련 분야에만 자기계발에 힘을 쏟은 나머지, 직무 외적인 영역에서는 둔화되어 해당 직무를 떠났을 때 관련 업무 말고는 아무것도 못하는 상황에 직면한다. 그래서 일부 퇴직자들이 직장을 그만두면 한동안 아무것도 못하고 하루 종일 멍하게 되는 것이다.

누락 상태를 경험하지 않도록 현직에 있을 때 다양한 부문에서 자기계발을 시도해볼 것을 감히 충고한다. 그리고 이를 바탕으로 퇴직 후 새로운 삶에 과감하게 도전장을 내보자. 지금껏 남들이 가지 않았던 길도 가보고(건전한 범위 내에서), 인생에서 하고 싶었던 일 중 빠진 퍼즐 조각을 찾아 전체 인생 기획 퍼즐에 끼워 맞춰보자. 경쟁이 치열하여 경쟁자가 중복되는 레드오션 사업이나 활동은 피하고 지나친 희소성으로 참여자가 누락된 블루오션 사업도 피해가자. 힘들게 번 돈도 한 곳에 중복 투자하지 말고, 가치가 없어 남들이 모두 누락시킨 곳에 투자하는 어리석음 또한 회피하자.

이렇듯 '중복 회피, 누락 회피'라는 이론을 논리적 기획 부문에 한정하지 않고, 보다 광의의 개념에서 일과 생활의 영역에서의 주요한 행동 수칙으로 삼아보면 이로운 것들이 많다. 기본적으로 이를 실천하다 보면 선명한 자기계발을 통해 퇴직 후의 나의 인생 또한 더 나은 방향으로 새롭게 발전할 수 있다.

중복되지 않아 비용도 아끼고 누락되지 않아 이것저것 없는 거 다 챙길 수도 있으니 MECE는 결국 인생 기획의 매뉴얼과 같은 핵심 방향성이라 할 수 있다.

나의 로직 트리 업무 구조화

로직 트리는 곧 퇴직 후 해야 할 나의 콘텐츠를 카테고리 형으로 묶는 작업이다.
잘 짜여진 로직 트리 기획 하나, 열 나열식 기획 부럽지 않다.

순발력이 강한 M본부장. 그 끼와 장점을 인정받아 모 생명보험 회사 영업 현장에서 근무했고, 영업 관리자로 승승장구했다. 그의 장점은 크게 논리를 따지지 않고 순발력으로 상황을 판단해 밀어붙이는 것이었고, 이는 일정 기간 동안 효과가 있었다. 그러나 전성기를 구가한 지점장을 거쳐 지역 본부장이 되자, 보험 업계의 경기는 정체와 하강을 반복하고 있었고, 순발력만으로 무작정 영업을 해나가기에는 한계가 뒤따랐다. 이미 본사나 경쟁사에서는 빅데이터를 활용한 고객관계경영CRM과 고객경험관리CEM를 강조하고 있었지만 M본부장은 여전히 'PUSH(밀어붙이기)' 방식의 영업 스타일을 고수했다. 결과는 좋지 않다. 가끔 과거의 향수에 젖어들 정도로 영업 실적은 떨어졌고, 그럴수록 본부에서 주는 성과 압박의 수위는 서서히 높아졌다. 그런데 새로 뽑은 경험이 많은 그의 부하직원, 지원 팀장이 구세주처럼 위기를 막아주었다. 금융업에 종사하다 현장 지점으로 재입사한 지원 팀장은 영업 관리 업무를 철저하게 논리적으로 구조화하여 M본부장에게 든든한 백업을 해주었다. M본부장의 순발력 있는 추진과 지원 팀장의 논리적 뒷받침 이 절묘하게 결합하여 M본부장의 지역 본부는 되살아났다. ■

연계된 일을 '로직 트리'로 구조화하라

우리는 일할 때 전반적인 일을 체계화 또는 조직화하지 못하고 앞뒤 안 가리고 진행하거나 강한 순발력과 추진력에만 기대는 경향 이 있다.

규모의 경제 시대를 살아온 시니어들에게 이러한 증상은 특히 심해서 심히 걱정이다. 내가 어떤 행동, 어떤 일을 수행하든 간에 먼 저 전망대에 올라가 전체 풍경을 조망하고, 내가 찾고자 하는 범위 를 확인한 후 망원경으로 부분들을 세밀하게 들여다보는 논리적 절 차가 필요한데 말이다.

이 역시 맥킨지 컨설팅에서 해답을 찾을 수 있다. 바로 '로직 트 리Logic Tree' 논리 구조화 개념이다. 마치 가지치기를 하듯 논리를 큰 항목부터 중간 항목과 작은 항목, 세부 내용 순으로 내림차순 방 식으로 정리하는 것인데, 이는 목표나 계획 수립은 물론 업무 수행 에서도 원칙적으로 강조하는 사항이다.

쉽게 로직 트리의 예를 들어보자. 로직 트리 개념으로 음식이라는 큰 항목을 설정했다면 한식, 중식, 양식, 일식은 중간 항목이 된다. 중식의 경우 이를 다시 세분화했을 때 면류, 밥류, 탕류가 작은 항목이라고 할 수 있으며 면류를 다시 짜장면, 짬뽕, 울면 등으로 구체화시킬 수 있다.

〈로직 트리 논리 개념〉

이른바 내림차순 방식의 로직 트리 개념은 목표를 세분화하고 계획을 구체화하는 데 있어서 그 활용 가치가 매우 높다.

제안서나 보고서 등을 작성할 때도 로직 트리 개념을 적용하여 작성하면 상위 항목 또는 내용과 하위 항목, 또는 내용들이 제자리를 찾게 되어 균형 있고 짜임새 있는 문서 작업을 할 수 있다.

그렇다면 나의 업무도 이러한 로직 트리 개념으로 구조화해보면 좋을 것 같다. 내가 현재 기업에서 교육 담당자 역할을 수행하고 있다면, 나의 업무를 큰 항목-중간 항목-작은 항목-세부 내용 식으로 분류할 수 있다. 현직에 있을 때의 이러한 분류 작업은 퇴직해서도 써먹을 가치가 있다. 현직과 연관된 일로서 자연스럽게 로직 트리 패턴을 이어갈 수 있는 것이다. 현업에서 교육 담당자로서 교육 기획 업무를 하고 기획력과 관련한 강의를 했다면 퇴직해서 기획력 분야 전문 강사로 연결고리를 찾아갈 수 있다. 필자의 경우가 그렇다.

현직의 로직 트리 업무 구조화가 퇴직 후에도 비슷한 양식지로 굴러가게 하는 것은 어떻게 인생 기획을 수립해 나가야 할지 내용 전개에 대한 해결책을 알려줄 수 있다.

〈로직 트리 예시〉

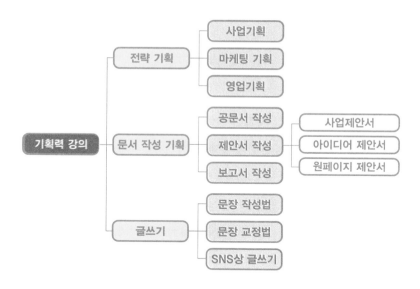

로직 트리형 퇴직 기획을 시도하라

사실 직장에 있을 때는 저절로 로직 트리 경험을 하게 된다. 회사에서 짜여진 조직과 시스템의 하위 항목으로 이미 구조화된 울타리에서 살아가고 있기 때문이다. 스케줄만 보더라도 그렇다. 우리의 바인더 노트에는 연간, 월별, 주간별, 일별 스케줄링 기록표가 있다. 이 또한 로직 트리 개념이다. 연간 계획으로 연간 목표치를 설정하고, 월별 계획으로 월별 행동지표를 만들고, 주간 계획으로 이를 뒷받침하기 위한 실행 포인트를 설정한 후, 일일 계획으로 세분화된 행동을 하나하나 명시해나가며 내림차순 방식을 충실히 따르고 있다. 이뿐인가? 부서별 목표 아래 연간, 월간, 주간, 일별 계획과 활동을 지나칠 정도로, 질리도록 확인하고 훈련하고 있다. 로직 트리는 직장에서의 업무 전개 그 자체로 당연한 자리매김을 하고 있다.

그러나 직장에서 벗어난 순간, 우리의 바인더 노트는 텅 비게 된다는 사실을 인지해야 한다. 이미 짜여진 로직 트리는 어디에도 찾아보기 힘들다. 내가 직접 만들어 나가야 한다. 퇴직 후 나의 일과 생활의 모든 구조화는 백지 상태에서 새로 만드는 나의 로직 트리가 된다.

퇴직이 곧 은퇴인 사람들은 '아무 일도 안하는데 무슨 로직 트리야?'라고 말한다. 그렇긴 하다. 백수에게는 로직 트리 구조화 개념이 전혀 어울리지 않는 것처럼 보인다. 그러나 백수도 스케줄이 있다. 바쁜 백수는 생업을 하지 않아도 항상 뭔가를 하면서 분주하다. 하루하루 스케줄을 감당하느라 힘든 백수도 있다. 오죽하면 백수가 과로사한다는 말이 나올까? 그래서 설령 백수가 되더라도(그렇게 되진 않아야 하겠지만) 로직 트리 구조화는 필요하다.

인생 기획을 할 거대한 향후 방향에서부터 세부적인 작은 계획 하나하나에 이르기까지 이를 전반적으로 아우르는 로직 트리 구조화를 시도해보자. 크게 보고 넓게 펼친 다음, 내림차순 방식으로 퇴직 후 해야 할 것들을 관리해 나간다면 조금은 든든해질 수 있다. 퇴직 후에 잡히지 않는 무기획의 당황함에서 벗어날 수 있다.

큰 것부터 작은 것에 이르기까지 논리적으로 엮으면 답도 나온다. 로직 트리는 곧 퇴직 후 해야 할 나의 컨텐츠를 카테고리 형태로 묶는 작업이다. 나열식으로 컨텐츠가 많다고 좋은 것 아니다. 실질적인 내용물인 퇴직 기획도 단 하나라도 잘 묶어 카테고리를 만들어 로직 트리 구조화하면 효과적이다.

잘 짜여진 로직 트리 기획 하나, 열 나열식 기획 부럽지 않다.

06 불황에도 끄떡없는 퇴직 경쟁력

움츠리지 말고 계속 움직여보자. '두드려라, 그러면 열릴 것이다'는 '틈새를
두드려라, 그러면 갈라져서 길이 열릴 것이다'로 바꿀 수 있다.

Y씨는 현재 프리랜서 MC로서 행사 전문 진행자다.

얼마 전까지만 해도 방송국에 다녔다. 공채 개그맨 시험에 당당히 합
격해서 프로그램의 한 코너에서 노력과 열정을 쏟아부었다. 그러나 프
로그램이 폐지되면서 그 또한 코너에서 하차하게 되었다. 한동안 출연
할 곳이 없어 방황했다. 선배 개그맨과 함께 지방 행사 MC를 뛰었다.

그런데 이런 걸 엎친 데 덮친 격이라고 해야 하나? 경기 불황이 날로
더 심해지면서 행사 건수는 반 토막이 나고 다시 막막한 현실로 돌아왔
다. 케이블 방송이며 채널은 계속 늘어났지만 인기 귀퉁이에 살짝 손만
댔다 빠져나온, 이미 잊혀진 개그맨을 찾는 곳은 아무 데도 없었다. 직
업을 바꾸고 낙향까지 생각할 정도로 절박했지만 갖고 있는 끼와 그동
안 방송에 들인 공이 아까웠다.

그러던 중 인터넷 개인 방송, 이른바 '팟캐스트' 방송이 눈에 들어왔

다. '그래, 방송에서 불러주지 않으면 내가 직접 방송을 해보는 거야'라는 생각으로 그는 콘셉트를 잡고 인터넷 개인 방송을 시작했다. 주제는 일상의 이슈를 매일 새로운 게스트와 허심탄회하게 대화하는 토론방 같은 것이었다. 구독층은 너무나 얕았지만 그의 구수한 입담과 매끄러운 진행 덕에 팟캐스트는 서서히 입소문과 유명세를 타기 시작했다. 나중에는 저절로 돈이 들어왔다. Y씨는 불황에 굴하지 않는 어엿한 팟캐스터가 되었다. ▪

판이 만들어지지 않으면 내가 만들면 된다

'언제 경기가 호전되려나?' 이런 기대는 하지 말자. 경기가 호황이든 불황이든 퇴직한 시니어들은 언제나 심리적으로 불황이다. 불황일 때는 나이 들었다고 나가라 하고, 호황일 때도 나이가 많다고 뽑지 않는다. 아무리 판을 기웃거려도 끼워주지 않는 판이 더 많다. 그러니 판이 만들어지지 않았다고 상황과 환경을 탓하며 푸념하는 것은 쪼잔한(?) 소인배적 발상이라고 할 수 있다. 뭔가 돌파구를 찾아야 한다. 남에게 기대하지 말고 내가 직접 찾는 방법을 선택해야 한다.

중장년층 퇴직자들의 이마에 패인 주름 자국은 여러 가지 고뇌의 산물이다. 앞으로 살길을 찾아야 하는 생존의 고뇌요, 당장 무엇을 해야 할지 선택의 고뇌요, 어떻게 해야 할지 방법의 고뇌가 주름

패인 고랑 곳곳에 스며들어 있다. 방법의 고뇌에 대한 확실한 답을 찾으면 앞의 두 가지 주름에 대한 해결책은 덤으로 따라올 텐데 이게 참 만만치 않다. 그렇다면 어떻게 해야 할까?

결론부터 말하면 '안 되면 되게 하라'도 아니고, '안 되면 포기하라'도 아닌 '안 되면 내가 하자'로 가면 된다. 감이 떨어지는 것을 기다리지 말고 일단 떨어뜨릴 수단과 방법을 내가 직접 찾아보는 것이다. 위의 1인 방송에 대한 도전과 성공 사례처럼 상대가 나를 받아들이지 않으면 내가 주도적으로 나서보는 전략이 있다. 아무것도 하지 않는 것보다는 뭐라도 일단 해보는 것이 낫지 않을까. 더구나 요즘과 같은 스마트 시대는 '1인 미디어 시대'임을 표방하고 있다. 자본이 아닌 능력만 있으면 얼마든지 덩치 큰 미디어 플랫폼에 올라타서 마음껏 실력 발휘를 할 수 있는 기회의 창이 열려 있다.

이 점에서 미디어는 참 솔직하고 평등하다. 영향력이 많은 권력자라고, 돈이 많은 재벌이라고 해서 채널을 많이 주거나 더 넓은 공간을 주지 않는다. '1인 1채널'이라는 똑같은 파이에서 출발시켜 이를 키우거나 줄이는 것은 철저히 당사자의 몫으로 남겨 놓았으니 평등한 경쟁임은 분명하다. 당장의 세간의 주목을 받든, 받지 않든 상관없다. 일단 각종 SNS 통해 '나는 이런 일을 하고자 합니다'라는 신고식부터 하고 보자.

오프라인 공간에서도 이는 동일하다. 구직 활동을 활발히 하는데도 면접을 보러 오라는 데가 없다고 자포자기할 것인가? 안 되면 내가 하면 된다. 이는 꼭 사업이나 창업을 하라는 것이 아니다. 내가 그 판을 만들든가, 그 판에 뛰어들어가란 이야기다. '일단 들이대' 정신으로 해보는 것이다. 예를 들어 영업 직군은 특별한 전공이나 제한된 자격 요건을 고려 대상으로 삼지 않는다. 오직 영업 잘하는 사람이 최고다. 현장 영업 일손은 늘 부족하다. 따라서 본사 채용 루트로 서류를 넣고 면접을 기다리지 말고, 내가 속한 지역 지점에 찾아가서 거꾸로 내가 주도적으로 채용이 되도록 해보자. 지역 지점 단위의 카 매니저, 보험 설계사, 운송기사 등은 충분히 가능할 듯싶다. 일단 '우는 아이 떡 하나 더 준다'는 것처럼 내가 먼저 파고들어야 뭔가 나온다. 영업을 잘 하느냐 못하느냐는 둘째 문제다.

글쓰기와 그림에 관심이 있는데 사람들이 내 글을 읽어주지 않는다고, 몇 시간 동안 그린 내 그림을 몇 초 만에 스쳐 지나친다고 세상까지 비관하지 말자. 내가 소설방을 만들고 웹툰방을 만들면 된다. 그러한 플랫폼 기업에 계속적으로 올리면 된다. 퇴직 후에 특정 영역의 평론가를 꿈꾸면 자칭 평론가를 되어보는 것도 방법이다. 심리적 위로도 찾을 수 있다. 대신 이왕 하는 거, 인터넷 사이트와 블로그, 각종 채널에 평론가 참석 도장을 찍고 다니도록 하자. 적극적으로 처음엔 나의 판 만들기를 하고 이후에 판 키우기를 해보는 것이다.

"한번 해병이면 영원히 해병이다"라는 모토를 갖고 있는 해병대 전우회는 나이 들어서까지 폼 나는 해병대 복장을 하고 각종 봉사활동 및 교통정리를 한다. 남이 시켜주지 않으니 자신들이 만들어, 자신들이 좋아서 공익활동을 하는 것이다. 자발적으로 활동하는 그들이 참 활기차고 역동적으로 보인다.

재취업이 되지 않는다고? 그 까짓 거 내가 직업 자체를 만드는 가능성을 열어두자. 이를 '창직創職'이라고도 하는데, 4차 산업혁명 시대에는 무수한 창직 거리들이 많다. 상을 차려주지 않으면 내가 내용물을 만들어 일단 차리면 된다. 그러다가 망하면 어쩌냐고? 망해도 휘청거리지 않을, 더 이상 잃을 게 없는 창직도 있다. 혹은, 무일푼 창직이라도 하면 된다. 별도 투자금이 들지 않으니 까짓것 밑져야 본전 아닌가?

앞의 1인 미디어 시대처럼 온라인상에 돈 안 드는 방 하나 임대해서 쓰면 된다. 안 된다고 정신적 스트레스를 받을 필요도 없다. 내가 만들었는데 뭐 어떤가? 되도 그만, 안 되도 그만이다. 잘되면 좋고, 돈 벌어주면 더 좋은 것이다. 그저 일하는 즐거움으로 임하면 된다.

불황의 틈새를 공략하라

'합격 사과'라는 말을 들어본 적이 있을 것이다. 실의에 빠진 농부가 비바람에 다 떨어져 나가 바닥에 나뒹구는 사과를 보았다. 그리고 이런 사과들에게 마치 보란 듯이 나뭇가지에 오래 매달려 있던 사과를 발견했다. 이에 농부는 '비바람 같은 수능에도 견딜 수 있는 합격 사과'를 떠올렸고, 마케팅에 적용한 것이다.

일본의 사례지만 강사들의 창의적 문제 해결에서 심심찮게 등장하는 소재다. 불황이 모두에게 불황만은 아닐 것이다. 주식 폭락장에서도 어떤 종목은 오르게 되어있다. 모두가 울지만 유독 웃고 있는 종목이 있듯이 불황의 늪과 그늘에도 한줄기 볕이 드는 곳은 있다고 본다. 불황에 오히려 호황인 업종도 있다고 한다. 소상공인과 자영업자들이 무수히 도산하고 폐업하니 인테리어 업체와 가구나 주방기구 등의 수거 및 재활용 업체가 때 아닌 호황이라고 한다.

퇴직자들에게 불황은 재기할 수 없는 부정적 여건일 수 있다. 경기 불황과 고용 절벽은 그들을 더욱 궁지로 몰고, 젊은이들 사이에서 3포 세대(취업+연애+출산)와 5포 세대(3포+내 집 마련+인간관계), 그리고 7포 세대(5포+꿈+희망)를 넘어 N가지를 포기하는 N포 세대가 나오듯이 퇴직자들을 N포 시니어(재취업+가족+관계+재테크+희망 등등) 세대로 전락하게 만들 수도 있다.

그러나 불황을 퇴직의 구실로 삼지 말자. 불황 때문에 더 삐걱거린다고 불황에 책임을 전가하지 않도록 하자. 어차피 인생은 변동이 클 수밖에 없다. 언제나 희비가 엇갈리는 3차원 곡선이다. 광우병으로 소고기가 직격탄을 맞고, 구제역으로 돼지고기에 불똥이 튀고, 조류독감으로 닭고기 업체가 휘청거리지만 어떻게든 우리는 살아가게 되어있다.

그러니 눈을 크게 뜨고 잘 찾아보자. 꽉 막힌 장벽에도 어딘가에 통하는 틈새가 있을 것이다. 내가 현직에서 갈고 닦은 어느 정도의 능력이 있다면 분명히 써먹을 데가 있다. 연계된 일거리도 어딘가에는 존재한다. 가령 나 자신이 경찰관이나 보안 경비 업체에 근무했다면 학교 지킴이 보안관으로 활동할 길을 찾을 수도 있다. 리더십이 있고 관리직 경험이 풍부하다면 내가 사는 아파트에 부녀회장이나 동대표에도 지원해보자. 요즘은 부녀회장이나 동대표도 할 일이 많고 일정한 권한도 있다. 단언컨대, 일을 해야 퇴직 후 작아지지 않는다.

움츠리지 말고 계속 움직여보자. '두드려라, 그러면 열릴 것이다'라는 말은 '틈새를 두드려라, 그러면 갈라져서 길이 열릴 것이다'로 바꿀 수 있다.

Chapter 4

경력은
나의 자산

경력 설계

01 메뚜기보다는 철새가 낫다

언젠가 나의 퇴직을 고려한다면 마냥 수동적 경력 관리에만 의존할 수만은 없다. 능동적인 경력 관리 즉, '자기 주도 학습'처럼 자기 주도적인 커리어 테크를 해야 한다.

15년간 10번 이상 직장을 옮긴 C씨.

그는 평균 1년 6개월에 한 번씩 이직을 했다. 이직 사유는 업무 부적응이나 능력 부족 같은 것도 아닌, 순전히 더 나은 대우와 높은 연봉을 위해서였다. 여기에 개인적으로 한 직장에 오래 머무르기 꺼리는 C씨의 근성 부족도 한몫을 했다.

그러다 보니 맡았던 업무도 다양했다. 경영 관리직의 테두리에서 움직이긴 했으나 처음 직장에서 인사 업무를 하다가 두 번째, 세 번째 직장에서는 총무 업무, 그 이후로는 교육 업무를 하고 잠시 기획 업무로 갈아탔다가 열 번째 직장부터는 다시 인사와 노무 업무를 번갈아 수행하고 있다. 1년 전부터는 모기업에서 HRD(인력자원개발) 업무를 담당했지만, 그곳에서도 오래 버티지 못하고 최근에 사직서를 낸 후 보수가 높은 외국계 교육 업체로 갈아탈 준비를 하고 있다.

하지만 이전처럼 이직이 쉽지 않았다. 40대의 한창 나이지만, 이번에는 한 곳도 불러주지 않았다. 문제는 일관된 전문 커리어 관리의 결여. C씨의 마지막 이직은 퇴직인 듯 요원해 보였다. ∎

최소한 철새식 커리어 테크를 해야 한다

재테크, 세테크, 인테크를 넘어 이제는 커리어 테크까지 해야 하는 시기에 접어들었다. 경력 관리의 세련된 표현인 커리어 테크는 일과 자기 관리를 함께 챙겨야 하는 직장인들에게 필수 과제다. 직장 생활을 하면서 끊임없이 자신의 역량을 키우고 전문성을 높여 자신의 가치, 즉 몸값을 지속적으로 높이는 노력의 과정이 곧 커리어 테크다. 이는 자신이 현업에 있는 동안 계속되는 진행형의 일이자, 중단 없는 수행 과제이기도 하다. 그런데 잦은 이직은 경력 관리, 즉 커리어 테크에 힘을 실어주지 않는다. 더구나 한 직장이나 직무에서 경력이 적립되는 기간을 평균 2~3년으로 본다면 만기를 채우지 못하고 이리저리 옮겨다니는 것은 통통 튀는 메뚜기식 경력 관리밖에 되지 않는다.

이처럼 짧은 기간 이직의 반복은 경력이 아예 생성되지 않거나 업무 노하우가 생길만 하면 옮겨 가서 그곳에서 처음부터 업무가 재부팅되는 케이스라 경력 관리 체크가 모호할뿐더러, 업무 능력을 쉽사리 인정받기 힘든 경력 프로필이 되고 만다. 그래서 차라리 어느 정도 경력이 쌓인 다음에 이동하는 철새식 커리어 테크를 해야 한다. 철새 정치인이 생각나 부정적인 이미지를 지울 수 없겠지만 능력 있는 철새라는 뜻으로 이해하면 무난하다. 하지만 이 역시 진짜 철새처럼 확실한 준비를 마치고 떠나겠다는 계획이 없다면 지금 속한 한 직장에 오래도록 엉덩이를 붙이고 앉아있는 경력 관리 방법을 채택하는 것이 낫다. 출근하면 정말 꼴 보기 싫은 상사가 있어 도무지 앞을 보기 힘들거나, 숨통 조이는 조직 문화에 진짜 숨이 콱콱 막히거나, 쥐꼬리 연봉이라 살아가기에 도저히 생계가 막막하다면 철새 이동을 고려해도 좋다. 그러나 이런 피치 못할 경우가 아니라면 붙박이 새로 한곳에 남았으면 한다. 철 단위로 포장이사 자주하다 세간이 망가지듯, 잦은 이직으로 애써 쌓아놓은 경력도 산산이 무너지는 법이다.

그럼에도 불구하고 옮기려면 장소(직장내 공간)는 다르게 옮겨도 직무는 동일한 연장선에서 이뤄졌으면 좋겠다. 말하자면 인사 업무를 했다면 인력 개발, 인력 선발, 인사평가의 카테고리 안에서 움직이고 조금이라도 연계된 업무를 해야 경력 분산이 일어나지 않는다. 똑같은 경력을 더 높게 쌓는 것도 경력 관리이지만, 나의 색깔이 흩어지지 않게끔 경력을 꾸준히 이동시키는 것이 진정한 커리어 테크다. 경력상 포트폴리오가 명확하지 않고 산만하면 해를 거듭할수록 이직은 더욱 힘들다. 경력 관리 평가에서 점수를 잃으면 50세 이후에는 재취업이 거의 불가능한 퇴직이라고 봐야 한다.

현재의 직장에서 사직서를 쓰고자 할 때는 자신이 이동 준비를 완벽하게 갖춘 철새인지를 먼저 점검해보자.

① 이동할 타이밍(이직 또는 퇴직 시기)은 적절한가

② 옮겨 갈 곳(새 직장)이 정해져 있거나 정해질 가능성이 충분한가

③ 이동 대기 기간(공백 기간)이 발생해도 버틸 수 있는 능력이 있는가

이 중 하나라도 충족되지 않으면 이동(이직)할 마음이 요동치더라도 누군가 말려주길 바라야 하고, 조금만 있어보라고 슬쩍 잡는 상사나 동료의 가벼운 만류에 못 이기는 척하며 주저앉길 바란다. 대게 조직에서 잘나고 똑똑한 사람이 경력상 변화가 심하다고 한다. 조기 퇴직하는 사람도 잘난 맛에 커리어 테크를 중단하고 스스로 뛰쳐나가는 사람이 많다. 그러나 이들의 '메뚜기 증후군' 기질은 변화무쌍한 인생 굴곡을 만들 수 있다. 조금 하다가 때려 치고, 또 조금 하다가 중단하기를 반복하면서 직장 생활 자체가 메뚜기식 삶이 된다.

바꾸는 것에 위험 수위도 있다. 해당 직무에서 세부 영역을 바꾸는 것은 저위험, 직무를 바꾸어 이동하는 것은 중위험, 아예 직업 자체를 바꾸는 것은 고위험이다. 메뚜기처럼 뛰어다니려면 저위험군 안에서 뛰고, 철새가 되어 이동하더라도 최대 중위험까지의 방공식별구역 내에서만 비행해야 한다. 조직(직장)은 때로는 똑똑이보다 우직이를, 단숨이보다 지긋이를 요구한다.

그러기에 등 떠밀어 가라고 하지 않는 한, 스스로 메뚜기가 되려 하지 말자. 우직하고 지긋하게 버티면서 혹시 생길지 모르는 이동해야 하는 상황을 준비하는 현명한 철새가 되어보자.

4단계 경력 기획

경력 관리는 그 방향에 따라 수동적 경력 관리와 능동적 경력 관리, 둘로 나눌 수 있다. 수동적 경력 관리는 조직(직장) 내에서 이루어지는 관리다. 직장이 요구하는 인사 관리 시스템에 맞추어 일 관리를 하고 자기계발도 하는 것이다. 학위나 자격증을 제출할 때 승진에 가산점이 붙는다면 노력해서 따고, 토익 ○○○점 커트라인에 걸려 인사상 불이익을 당하지 않도록 조심하면 된다. 하지만 언젠가 나의 퇴직을 고려한다면 마냥 수동적 경력 관리에만 의존할 수만은 없다. 능동적인 경력 관리 즉, '자기 주도 학습'처럼 자기 주도적인 커리어 테크를 해야 한다. 변화에 대처하는 이러한 경력 관리를 위해서는 경력도 기획해야 한다. 경력 기획을 통해 먼저 방향과 틀을 형성한 다음, 유지 관리를 통해 나아가야 하는 것이다.

경력 기획은 다음 4가지 단계를 필수적으로 해야 한다.

1단계 : 경력 목표 설정

2단계 : 경력 탐색

3단계 : 경력 로드맵 작성

4단계 : 구체화

첫 번째, 경력 목표 설정은 한마디로 커리어 비전을 찾는 것이다. 청년기 꿈처럼 거창하거나 현실과 동떨어져 구체성이 결여되면 '아무 말 대잔치'처럼 형식적인 비전이 되고 만다. 현재 하고 있는 일과 일관되고 접촉 유지가 되면서도 3년 이내 도달할 수 있는 목표 설정을 해야 한다. 만약 나 자신이 직장에서 통계자료 분석 업무를 하고 있다면 '나는 3년 안에 통계학 석사 학위를 따서 빅데이터를 연구하는 통계 전문가가 되겠다'라고 목표를 설정하면 괜찮지 않을까?

두 번째, 경력 탐색은 나의 직무 역량을 분석하여 지금 필요하거나, 나에게 맞는 경력 관리 영역을 찾아보는 것이다. 이때 나의 흥미와 가치가 떨어지는 부분은 탐색 범위에서 조금 떨어뜨려도 된다. HRD 업무를 수행하는 이른바 교육 담당자를 예로 들어보자. 이들의 경력 관리는 크게 3가지 방향성이 있다. HRD 체계 등을 수립하고 교육 과정을 개발하는 기획자가 되거나, 현장에서 지식이나 노하우를 전달하는 강사로 활동하거나, 교육 운영을 하고 지원하는 컨설턴트가 되는 갈래인데, 이 모든 경력 관리를 한꺼번에 전문가 수준에 오르게 할 수 없다. 나 자신의 정확한 탐색을 통해 효율적인 방향으로 선택과 집중을 해야 한다. 내가 아무리 생각해도 강사로서의 끼와 역량이 없고 흥미 또한 떨어지는데도 강의를 통한 경력 관리를 주종목으로 지정하면 곤란하다. 강의보다 교육과정 개발과 컨설팅이 더 흥미롭다면 HRD 업무 갈래를 그쪽 길로 잡아야 한다.

세 번째, 경력의 로드맵 작성 단계로서 경력 밑그림을 작성하는 것이다. 경력 목표를 달성하기 위한 실질적인 실천 계획을 수립하고 행동 방향을 결정하는 단계다. 앞의 통계학 석사를 따기로 목표를 정했다면 나의 현재 상태 등을 고려하여 적합한 대학원을 정하고 입학을 위한 준비 행동과 전반적인 계획 수립에 들어가는 것이다.

네 번째, 앞의 경력 로드맵 설정을 마친 후 이를 구체적으로 실행하는 것을 계획하고 검토하는 단계다. 경력 기획을 행동으로 옮기는 실질적인 How to라고 생각하면 된다. 전체적인 단계별 경력 기획의 예를 아래에 제시하였으니 참고하길 바란다.

〈단계별 경력 기획 프로세스와 예시〉

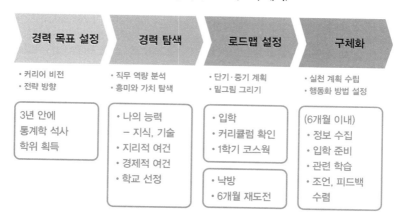

이러한 경력 기획은 반드시 현직일 때 해야 한다. 퇴직에 임박해서는 정신없어 못하고 퇴직 이후에는 마음의 여유가 없어 못한다. 경력 관리 전문가인 커리어 코치나 컨설턴트로부터 "당신이 10년 뒤 어떤 일을 하고 있을까를 생각해 보세요", "그리고 10년 후 그 일에 최고의 위치에 오르기 위해 지금부터 착실히 경력을 키우고 관리하세요"라는 말을 자주 듣는다. 필자는 이 말이 새내기 직장인

이나, 이제 '경력'이라는 단어를 생각해야 하는 주니어 직장인에게
만 통하는 조언이라고 본다.

4050 직장인들에게 10년은 직장 생활을 못할 수 있거나 전혀 다
른 일을 할 수 있을 정도로 불확실한 시간인데, 차곡차곡 경력 관리
를 하라니? 참으로 팔자 좋은 소리다. 그러면 퇴직 후 남은 시니어
인생을 준비하는 퇴직자들에게 현직에 있을 때 10년의 경력 관리
를 거꾸로 하게 해보면 어떨까?

예를 들면 가상의 시나리오를 고려해서 내가 지금 변화시킬 수
있는 경력 관리의 방향성을 찾는 것이다. '10년 후면 내가 아무래도
조직을 떠나게 될 것 같다', '그렇다면 10년 후 내가 현 직장 생활에
종지부를 찍는다는 가정하에 지금 무엇을 준비하고 어떻게 해야 할
것인가?'를 고민하는 것이다. 또는 내가 10년차에 조직에서 밀려나
지 않기 위해서 지금 새로 학습하거나 착안해야 할 사항은 무엇인
지, 어떤 전문성을 더 보강해야 하는지, 누구를 만나야 나에게 더 이
로운지, 직장 내에서 어떻게 하면 지금보다 평판지수를 높일 수 있
을지 등에 대한 방법을 찾는 것이 더 나은 선택지일 수 있다. 현직
일 때 미리 준비하는 10년은 퇴직해서 후회를 낳지 않는다. '아아,
그때 좀 더 노력할걸' 하지 말고, 궁극의 예상되는 결과에 대한 시뮬
레이션을 역으로 돌려 현재의 커리어 테크에 최선을 다해보자.

02 경력과 재능을 융합하라

내가 잘하는 것, 남에게 펼쳐도 쑥스럽지 않을 재능 하나를 발굴하여 계속 발전
시키고 날카롭게 만들어 나와 일의 결합상품으로 출시해보자. 이는 이직이나
재취업을 할 때 채용에서 '+α'가 되어줄 수 있다.

G씨는 운동선수였다.

유도 대학을 나와 올림픽 유도 국가대표 선발전까지 나갔었다. 올림픽과의 인연은 이어지지 않았다. 어느 정도 나이가 들면서 선수 생활을 은퇴하고 학교 유도부에서 코치 생활을 했다. 그러나 각박한 보수와 지원은 감안하더라도, 유도를 배우려는 학생들이 점점 줄어드는 현실이 야속했다. 아동과 청소년을 상대로 유도 도장을 차려볼까도 했지만 태권도 도장에 밀려 시작조차 못 했다.

결국 G씨는 순전히 생계 때문에 자동차 영업사원이 되었다. 젊고 활기찬 직원들에 반도 못 미치는 실적 때문에 출근할 때마다 고뇌하고 퇴근하면서도 고심했다. 그러다가 어느 날 TV에서 '노래하는 변호사'를 보고 무릎을 쳤다. "맞아, 바로 그거야. 내가 잘할 수 있는 것을 함께하는 거야." G씨는 그날부터 차를 보러 오는 고객에게 유도를 활용한 간

단한 호신술을 알려주었다. 차를 구매한 고객에게는 한 달간 무료 개인 지도까지 했다. 그의 부가 서비스는 입소문을 타고 빠르게 퍼졌고, 차량 판매 실적으로도 이어졌다. 그는 이번 달 최우수 판매 사원에 이름을 올렸다. ▪

결합하면 강해진다

오늘날을 '융합Convergence'의 시대라고 한다. 융합은 연결 또는 결합이다. 제품일 경우 단순히 기능적 가치만을 추구하는 시대는 이미 지났다. 예를 들어 특정 로봇 청소기가 청소만 하는 게 아니라 보안 기능까지도 담당하는 '결합'을 보여준다. 예를 들어, 청소하다가 낯선 침입자가 들어오면 무음으로 촬영을 하고 주인의 스마트폰으로 이미지를 전송, 경찰에 신고하여 도둑을 잡게 한다.

제4차 산업혁명의 핵심 키워드 중 하나인 초연결 '사물인터넷IOT' 기술은 네트워크 기능을 갖춘 AI 체중계까지 등장시켰다. 정해놓은 체중을 넘지 않게 설정하면 주인의 체중이 해당 수치를 넘어갔을 때 곧바로 냉장고와 연결해 음식을 꺼내먹지 못하도록 문을 잠근다. 운동기기도 헬스케어와 결합한 '웨어러블wearable'로 시시각각으로 우리 몸 상태를 감지한다. 간편하게 착용만 하면 당뇨병, 녹내장 등을 실시간 진단할 수 있는 '스마트 콘택트 렌즈'도 나올 것이다. 연료와 전기장치가 결합한 하이브리드 자동차를 넘어서

무인자율주행자동차가 도로를 가득 메울 날도 멀지 않았다. 이처럼 융합이 대세다. 온라인상의 개인 방송과 전자 상거래가 결합된 '왕홍(중국 파워 블로거)'의 힘은 이미 어마어마한 구매력과 영향력을 과시하고 있다.

결합하면 강해지고 좋아진다. 오죽하면 휴대폰 요금도 연인끼리, 가족끼리 묶어 결합하면 할인율이 커지지 않던가? 내가 그동안 쌓아온 경력과 현재의 능력이 만나면 최적의 역량을 발휘할 수 있고, 이는 신선하고 임팩트한 느낌을 줄 수 있다. 수능뿐 아니라 인문학 분야로 역사 상식을 대중화한 스타강사 설민석 씨는 연극영화과 출신이다. 후에 역사를 공부하면서 그는 연기를 결합한 정말 쉽고 재미있는 찰진 역사 강의로 대중에게 인기를 얻었다. 경력과 재능이 결합한 본보기다.

필자에게도 강의 이외에 만화 그리기 재능이 있다. 취미가 만화 보기와 그리기다. 강의할 때 가끔 그림을 그린다. 이 책 에필로그에 소개한 만화도 직접 그렸다.

나의 능력이 경력과 연관성이 없다고 해서 쓸모없다고 여기지 말자. 전혀 다른 것이라도 묶으면 특별한 것을 창출할 수 있다.

가수가 꿈이었던 노래하는 경영 분야 강사, 세무사 출신의 세무 상담해주는 영업사원, 타로점 봐주는 점포 사장, 마술 보여주는 안내원, 역사 강의 들려주는 관광가이드 등 경력이 받쳐주고 능력이 도와주면 그야말로 무궁무진한 융·복합의 역량 창출이 가능하다.

그러나 여기에는 제약 조건이 있다. 경력은 든든해야 하고 개인

능력은 비교적 출중해야 한다. 서로 엇박자가 나도 안 된다. 경력은 화려하고 돋보이나 이를 받쳐주는 개인기가 부족하거나, 반대로 보여주는 부가적인 재능 부문이 탁월하지만 정작 일과 직결된 경력이 그 뒤에 가려진다면 어색한 복합관계가 설정된 것이라 볼 수 있다. 보다 쉽게 융합하는 방법은 경력은 나의 일(직무)에서, 재능은 나의 취미나 특기 영역에서 찾아 적절하게 양립시키면 된다.

이러한 조합은 얼마든지 챙길 수 있다. 또한 서로간의 연관성이 있으면 융복합물은 더욱 빛이 나고 활용 가치가 생긴다. '워라밸'처럼 해야 하는 일과 하고 싶은 것의 조화라는 묘한 균형 감각도 있어 흥미롭다.

경험의 암묵지와 엮어라

퇴직자들의 주무기는 그동안 쌓아온 경험과 실적이다. '늙은 생강이 맵다'는 말이 있다. 생강은 오래된 것일수록 매운맛이 더 난다는 것이다. 경험 또한 생강처럼 세월의 흔적에 원숙함을 자랑한다. 이른바 '경험의 암묵지'와 같은 이것은 부가적인 재능과 결합하면 퇴직 후의 삶에 날개를 달아줄 수 있다.

십수 년간 금융업에 종사했다면 이는 분명 금융에 대한 경험의 암묵지가 쌓인 것이다. 퇴직 후 경험과 연관된 무엇을 할 것인지 찾아보고, 여기에 옵션처럼 나의 재능이 더해질 수 있는 것을 생각해보자. 금융 지식이 해박하고 표현 스킬이 받쳐준다면 재테크 등 일반인의 금융 상식을 강의하는 강사로 활동하면서 다른 분야와 결합한 재능을 발휘해보면 어떨까? 혹시 자신이 사주팔자, 토정비결, 관상 등을 볼 수 있다면 학습자에게 이를 부가 서비스로 제공해주면 강의 의뢰 횟수가 점점 증가할 수 있다. 실제로 강의를 하면서 명리학을 덤으로 해주는 강사들도 있다. 직무와 인문학을 결합한 컨텐츠를 만들어도 대박이 날 수 있다.

개똥도 약에 쓸 수 있는 것처럼 사소한 나의 재능도 언젠가 요긴하게 쓰이니 '다다익선'이라는 말처럼 현직일 때 할 수 있는 것은 다해보자. 그중 내가 잘하는 것, 남에게 펼쳐도 쑥스럽지 않을 재능 하나를 발굴하여 계속 발전시키고 날카롭게 만들어 나와 일과의 결합 상품으로 출시해보자. 이는 이직이나 재취업을 할 때 채용에서 '+a'가 되어줄 수 있다.

동일한 경력 스펙을 가진 사람들 중에 기타를 잘 치고, 꾸미기를 잘하고, 인문학에 조예가 있는 사람이 있다면 그에게로 더 합격의 펜대가 움직여지지 않을까? 퇴직을 해도 내가 그동안 해왔던 직무 분야에 대한 감은 놓치지 말아야 한다. 현직보다는 아무래도 시간적 여유가 더 있으니 관련 서적도 보고, 직무와 관련된 교육이나 세미나에도 참석해보고, 앞으로의 일에 도움되는 자기계발도 게을리 하지 말아야 한다. 그리고 시간이 좀 나면 나의 재능을 여기에 어떻게 접목시킬 것인가를 고민해야 한다. 직무 경력에 더해진 재능을 융합한 기술을 모은 결합 상품으로 이직 경쟁력을 높여보자.

03 똑똑한 자격증 하나 따기

미래 사회가 어떻게 변할지 장담하진 못하지만 그래도 퇴직이나 은퇴 후에 써먹을 수 있는 똑똑한 자격증 하나 정도를 현직일 때 갖추는 것은 아무리 강조해도 지나치지 않는, 미래를 대비하는 필수 준비물이다.

D씨는 일반 기업에서 성실히 일해 정년을 채우고 나왔다. 직장 생활하면서 자격증도 많이 보유했다. 인사총무부에 있으면서 경영지도사 자격도 취득했고, 정부의 'NCS(국가직무 능력표준)'를 기반으로 한 관련 민간자격증인 '인사총무관리자 자격증'도 따냈다. 그 외에 '정보처리기사 2급', '진로직업상담사' 자격, 각종 어학능력시험(TOEIC 등)과 '한국사능력검정시험인증 1급'에 이르기까지, D씨가 현직일 때 획득만 자격증만 보더라도 그가 얼마나 치열하게 직장 생활을 했는지 짐작하고도 남았다. 이력서 자격증 란에 쓸 공간이 모자라는 행복한 고민은 한편으로 재취업의 기대감을 부풀게 했다. 그런데 생각보다 다시 직장인이 되는 일은 쉽지 않았다. 공기업 취업에 전적으로 유리한 NCS 자격증도 보탬이 되지 않았다. D씨는 포기하지 않고 내친김에 유망 자격증으로서 가장 핫한 '드론교관 자격증'에 도전했다. 그러나 조정 실기에

서 번번이 떨어졌다. 예전보다 순발력도 떨어졌고 새로운 것에 대한 학습은 그에게 많은 시간을 요구했다. D씨는 점점 불안해졌다. ▪

현직일 때 똑똑한 자격증 하나 따라

'강남에 똑똑한 집 한 채'라는 말이 있다. 다른 지역의 많은 부동산도 돈 되는 집인 강남 한 채를 당해내지 못한다는 것으로 '똑똑한 하나'라는 신드롬까지 낳았다. 자격증도 똑똑한 하나가 돈도 되어주고 취업도 하게 해준다.

겉만 번지르르한 민간자격증 수두룩하게 따봐야 말짱 꽝이다. 따놓고 고이 모셔놓은 '장롱 면허' 같은 자격과 언제 쓸지 모르는 자격증은 그것을 따기 위해 투자한 시간이 아까운 것들이다. 이를 두고 쓸데없는 것에 '삽질'했다고 한다. 공인받은 똑똑한 민간자격증 하나 따는 게 백배 이익이다. 그렇다고 '의사 면허'나 '변호사 면허'를 따라는 건 아니다. 지금 시점에서 이는 무모하고 불가능할 수 있다.

고급스러운 국가기술 자격이나 전문 자격이면 좋겠지만 현직일 때 공들여 성취의 기쁨을 맛보고, 남들에게 공개했을 때 공감하며 칭찬해줄 수 있는 자격증이면 가히 똑똑한 자격증이라 할 수 있다. 똑똑한 자격증의 조건을 나름대로 정리했다.

재미있게 '일이삼사오' 자격 요건이라고 이름지어 보았다.

일, 일단 남들이 알아주는 자격이어야 한다. 일단 '~사'자 들어가는 자격증은 있어 보인다. 명함에 넣기도 뿌듯하다. 꼭 남을 의식하는 것은 아니지만 어떤 자격증은 있다는 자체만으로 당당하다. 한의사, 약사, 영양사, 세무사 말고도 관광통역 안내사, 일반 및 기술행정사, 사회복지사 1급, 산업안전지도사 자격증도 좋다.

이, 이직에 도움되는 자격이어야 한다. 똘똘한 자격증은 현직일 때 따야 한다. 그래야 이직으로 이어진다. 직무와 관련된 것으로 자격증이 이직의 징검다리 역할을 할 수 있으면 이상적이다. 예를 들어 건설업에 근무한다면 건축사 자격증을 따서 퇴직 후 감리 업무로 이어갈 수 있고, 굴착기나 불도저 자격증이 있다면 운전 기능사가 되어 일을 계속할 수 있다. 손해보험회사에서 손해사정사 자격을 얻고 더 좋은 곳으로 스카우트될 수도 있다. 그 업무를 개인적으로도 할 수 있는 것만으로 대만족이다.

삼, 삼년 안에 딸 수 있는 자격이어야 한다. 일도 해야 하는데 너무 오래 매달리다 보면 지친다. 꾸준히 준비해서 3년 안에 도달할 수 있는 자격증이 성취욕을 자극한다. 운전면허도 4수, 5수 하면 남들 보기에 창피하다.

사, 사적인 민간자격증은 보류한다. 민간자격증은 셀 수 없이 많다. 그러나 이들은 자격증을 따기 위해 지불한 돈만큼 캐시백을 해주지 못하는 것들이 많다. NCS 등의 특정한 것을 제외하고는 자격증을 따기 위한 자격증인지도 면밀히 검토해봐야 한다.

오, 오래가는 자격증이어야 한다. 면허증처럼 몇 년마다 갱신해야 하는 자격증은 세월의 무게가 자격증 재탈환을 힘들게 하기 때문에 고려 대상이다. 한번 획득하면 오래 남은 유통기한의 식품처럼 내 곁에 있어줄 수 있는 자격증이면 더할 나위 없이 좋다. 국가에서 운영하는 모든 자격 정보는 고용노동부 'HRD-NET(www.hrd.go.kr)' '자격 정보'에 들어가면 국가기술 자격과 국가전문 자격으로 분류하여 상세하게 소개되어 있다. 공인 민간 자격에 관한 정보와 연간 시험 일정도 공개되어 있다.

현직일 때 따면 좋은, 현재 인기 있는 똑똑한 국가자격증들을 부록에 추천했으니 참고해도 좋다.

앞으로의 인생에 영향을 미칠 자격증에 도전하라

제4차 산업혁명이 가속화되면서 그저 남들이 유망하다고 하는 자격증 획득에 도전하는 것은 무모하다. '소확행'이 아닌 무모하지만 확실한 행복을 주는 '무확행'과 같은 자격증도 나의 능력과 적성에 맞지 않으면 갖은 수를 다 써도 내 것이 될 수 없다. 아무리 노력해도 나의 함량 미달 역량만 확인해줄 수밖에 없는 자격증에 대한 취득 시도는 자기계발 목록에서조차 빼버려야 한다.

내가 노력해서 도달할 수 있는 자격증이라야 한다. 그것은 바로 앞으로의 나의 인생에 영향력을 주는 똑똑한 자격증이다. 이를 취득하기 위해서는 우선 내가 하고자 하는 일에 맞는 자격증이어야 한다는 전제 조건이 따라 붙는다. 사회복지에 그다지 관심도 없고 희생과 봉사 정신도 남들보다 약한데, 사회복지사 자격을 갖추려고 하는 것은 '무작정 따고 보기'식 자격 취득밖에 되지 않는다.

청소년들과 자녀를 아끼는 마음이 선명해야 청소년 지도사나 상담사 자격증이 어울린다. 가장 나다운, 고객 맞춤형이 아닌 '나에게 맞춤형' 자격증이 뭐가 있는지 둘러보자. 여행을 좋아하고 일본어에 관심이 있다면 일본어에 대한 관광통역 안내사 자격을 따고 여행 가이드에 도전해보면 어떨까?

나이가 많아서 안 된다고? 고령사회가 되면서 노인들의 여행이 많으니 노련한 시니어 가이드가 필요할 수 있다. 일단 자격증부터 갖추고 생각해도 늦지 않다.

국가자격증이 어렵다면 눈높이를 한단계 낮춰 공식 민간자격증에도 관심을 가져보자. 참가만 하면 주는 증서가 아닌 그래도 명색이 공인 자격 아닌가? 최근 인기도 많고 퇴직자들에게 추천하기 좋은 국가민간자격증으로는 ① 심리상담사 ② 노인심리상담사 ③ 방과 후 학교 지도사 ④ 독서지도사 ⑤ 반려동물관리사 등이 있다. 인터넷에 검색창에 키워드 몇 개만 입력하면 줄줄 나오니 역시 자신에 잘 맞는 것을 탐색하여 선택하길 바란다. 이러한 자격증은 지금 현재의 목록이며 지극히 가변적인 속성을 갖고 있다. 앞으로 새로운 직업군의 탄생과 함께 더욱 다양한 형태로 생성 또는 소멸되고 변화될 것이다. 따라서 자격증은 트렌드와 부합되고 미래 유망 직종과 연계되었다면 가히 똑똑하다고 할 수 있다. 드론이 피자를 배달하는 시대를 대비한 '드론' 관련 기술자가 국가 전문 자격으로 될 수도 있다. 미래 사회가 어떻게 변할지 장담하진 못하지만 그래도 퇴직이나 은퇴 후에 써먹을 수 있는 똑똑한 자격증 하나 정도를 현직일 때 갖추는 것은 아무리 강조해도 지나치지 않는, 미래를 대비하는 필수 준비물이다.

04 경력 단절 기간 단축하기

내가 계속 경력의 스텝을 밟고 잡을 하고 있다는 것을 보여줄 수 있어야 한다.
경력과 재취업은 '뫼비우스의 띠'처럼 연결되어야 한다.

콜센터에서 상담원들을 관리하는 L양은 고객 상담 지도, 클레임 처리(문제 해결), 인력 관리 등의 업무에서 10년차 베테랑이다. 그러나 남편의 지방 발령, 아이들의 양육과 진학 문제가 동시에 얽히면서 직장을 그만두고 자의에 상관없이 전업주부가 되었다. 일을 하고 싶었다. 하지만 가사 노동은 그녀에게 그러한 마음만 허락할 뿐이었다. 남편의 일이 안정되고 아이들이 스스로를 챙길 무렵에는 다시 일을 해보겠다는 의욕을 내비치기에는 조금 머쓱한, 그녀의 나이는 벌써 50을 바라보고 있었다.

경력 단절 여성을 돕는 각종 프로그램에도 참여해 보았다. 젊은 시절 잔뼈가 굵은 동일 업계에서 일하는 것은 자신 있었지만 지난 공백의 세월은 L양에게 경력 단절 여성이라는 이력을 더욱 공고히 해줄 뿐이었다.

그녀는 일하고 싶은 데도 할 수 없는 현실이 야속했고 우울감에 젖어

있는 때가 많아졌다. ■

오랜 경력 단절은 독이다

100세 시대, 4가지 장수의 위험이 있다고 했다.

① 무전장수無錢長壽 : 돈 없이 오래 사는 것

② 유병장수有病長壽 : 병들어 오래 사는 것

③ 무업장수無業長壽 : 일자리 없이 오래 사는 것

④ 독거장수獨居長壽 : 혼자 오래 사는 것

다소 비약일 수 있지만 심각한 이야기 하나 하자면, 위 네 가지의 근본 원인은 바로 '경력 단절'이다. 오랫동안 경력이 단절되어 돈도 없고, 일도 없고, 스트레스로 병나고, 극단적으로 가족들도 곁을 떠나 혼자 살게 된다. 젊은 층의 경력 단절은 다시 이어붙이면 되지만, 중장년층의 경력 단절은 재취업이라는 절벽에서 아래로 굴러 떨어진다.

누누이 강조하지만 우리는 일이 있어야 한다. 일을 하지 않고도 펑펑 놀만큼 노후가 보장되어 있지 않다. 50대에서 80대 어르신 중 50% 이상이 연금도 없다. 일해야 하는 당위성으로만 보자면 먹고 살기 위해 72세까지 일해야 한다. 경력 단절은 하고 싶은 그 일을 못하게 하는 가장 큰 장애물이다. 그 기간만큼 장애물의 길이는 넓어지고 높이는 커진다.

특히 자연스러운 경력 단절이 아닌, 느닷없는 경력 단절은 거의 3층탑 높이의 장벽으로 다가온다. 퇴직자들에게 가장 큰 경력 단절인 정년 퇴직의 비율이 겨우 8%라는 통계는 대부분의 경력 단절이 나의 의지와 상관없이 정년 퇴직 전에 자행된다는 것을 보여준다. 실제로 여성은 결혼, 육아, 임신 등으로, 남성은 군입대 등의 흔한 사유를 포함해서 사업 부진, 파산, 권고 사직 등 피치 못할 경우가 대부분이다. 쉽게 직장에서 해고되어 경력 단절을 떠안는 사례도 40% 가까이 된다.

역설적으로 말하면 직장에서 내침을 당하지 않아야 거대한 경력 단절의 후폭풍을 막을 수 있다. 하지만 그 또한 여간 어려운 게 아니다. 죽어라고 일하고 자기계발을 해도 비극을 비켜 가고 관통하기 힘들다. 그렇다면 어떻게 해야 하나? 설령 피치 못할 경력 단절 기간이 도래하더라도, 그 기간을 최대한 줄여 경력 궤도 이탈만은 막아야 한다. 경력 단절 기간이 직장 생활 경력 기간을 따라잡을 정도로 길어진다면 이는 지극히 위험하다. 적어도 단절 기간은 1년을 넘지 않도록 기간 단축 전략을 모색해야 한다.

입사지원서나 이력서상에 경력 단절 흔적이 들통나지 않도록 대응해야 한다. 경력 단절 기간은 길면 길수록 불리하다. 일단 직무 감각이 무뎌져 재취업이 쉽지 않다. 경력의 마디가 끊어져 이어붙이기 어려운 상태를 받아주는 직장은 아무데도 없다. 장기 경력 단절은 급기야 재취업 의지마저 꺾어 장기 백수 생활의 신호탄을 쏘고 생활고마저 불러낸다. 그래서 최소한 하향 지원이라도 해서 장기 경력 단절 사태만큼은 막아야 한다. 대기업에서 중소기업으로, 정규직에서 계약직으로 상시 근로자에서 임시 근로자로, 급기야 잠시 자신의 경력과 무관한 일로 잠시 외도하더라도 내가 일을 계속하고 있다는 것을 어필하자. 그래야 업무에 대한 감도 떨어지지 않고 차후 재취업이 되어서도 너무 낯설지 않게 일에 접근하는 방법을 찾을 수 있다. 직장은 설령 얼마 전까지 탁월한 현장 감각을 갖추었던 퇴직자라 할지라도, 퇴직 후 공백기가 커서 장기 경력 단절이라는 꼬리표를 단 사람들을 재입사시키는 데 망설일 수밖에 없다. 또한 해당 퇴직자를 이전의 경력 수준으로 되살리는 데 많은 시간이 소요된다면 그 사람의 채용은 버리는 카드로 제쳐 둔다. 현역 시절 아무리 운동을 잘했다고 하더라도 수년 동안 이를 중단한 사람에게 다시 선수 생활을 하도록 배려하는 감독은 없다. 어떤 형태든 경력이 마르지 않고 유지되고 있음을 표출해야 재취업의 확률이 높다. 권투 경기를 보자. 계속해서 스텝을 밟고 잽을 날려야만 상대에게 나중에 카운터펀치를 날릴 수 있다. 작고 중단 없는 것이 크고 단절된 것을 이기는 것이다.

내가 계속 경력의 스텝을 밟고 잽을 하고 있다는 것을 보여줄 수 있어야 한다. 장기적 경력 단절은 절대로 안 되며, 가급적 단절 없이 재취업으로 파고들어야 한다. 경력과 재취업은 '뫼비우스의 띠'처럼 연결되어야 한다. 성공적인 재취업을 위해서라면 경력 연명이라도 하면서 띠가 끊어져 휴먼 상태가 되는 것만은 피하도록 하자.

나 스스로의 경력 관리 시스템을 만들어라

직장에서 다시 불러주지 않는다고 길어지는 경력 단절을 푸념하거나 동동 발만 구르고 있을 것인가? 아니면 자포자기한 상태로 휴식이나 즐기면서 하루 종일 소파와 한 몸이 되거나 백수 놀이를 할 것인가? 퇴직 후 받는 실업급여도 어느 정도 꾸준히 구직 활동을 했을 때 받을 수 있는 것처럼, 경력 단절 기간도 이를 단축시키려는 정당한 노력이 수반되었을 때 그에 상응한 보상을 요구할 권리가 생긴다. 외압으로 경력 단절이 이뤄졌다면 내부의 실행 의지로 이를 이겨내야 한다. 나 스스로 단절을 극복할 수 있는 방법을 찾아보는 것이다.

내가 일을 계속하고 있다는 사실을 다양한 채널을 통해 알리도록 하자. 인터넷이나 SNS에 내가 지금껏 했던 일과 관련된 것을 해온 증거를 남기고, 관련 자격증에도 도전하고, 모임이나 단체에도 자주 기웃거려 내 경력이 죽지 않고 살아있다는 것을 보여주어야 한다.

어느 워킹맘의 사례를 보자. 그녀는 수년 동안 모기업 마케팅 담당자로 일했다. 결혼에 이은 육아 문제가 생기면서 결국 회사를 그만두었지만 전업주부로서 삶이 굳어지는 것은 거부했다. 꾸준히 독서와 학습 등의 마케팅 공부를 하고, 스마트 시대 흐름에 맞게 SNS 홍보 마케팅에 관심을 가졌다. 지역 평생교육원에서 간간히 '스마트폰 활용 SNS마케팅 기법' 강의도 하고 소상공인시장진흥공단의 소상공인 컨설턴트 공모에 응모해서 지역 소상공인들에게 마케팅 관련 컨설팅을 해주었다. 자신의 블로그에 마케팅 동향과 활동 소식을 알리고, 유튜브에 '초보자도 따라하면 돈 되는 SNS 마케팅' 채널을 만들어 사람들이 관심을 갖든 말든 꾸준히 동영상을 찍어 올렸다. 커리어 관리에 보탬이 되고자 공공기관이나 기업의 마케팅 공모전에도 응시하고 짬짬이 구직 활동도 게을리하지 않았다. 그 결과 어느 날 이름 있는 회사로부터 러브콜을 받았다. 그 회사는 그녀의 이력에서 단절되지 않은 크고 작은 경력의 연결고리를 눈여겨보았던 것이다. 그녀는 현재 마케팅 전략팀 팀장으로 일하고 있다.

갑작스러운 퇴직이라는 상황에 기가 눌리고 좀처럼 일자리가 이어지지 않는 예측치 못한 결과에 숨죽여 그동안 자신이 쌓아온 경력과 전혀 무관한 일을 하면서 경력의 흐트러짐을 방치하지 말자. 내가 정한 경력 단절 기간을 최소화하기 위한 단축 협상에서 나약하게 불평등한 타협을 하지 말자. 짧게만 경험하고 하루속히 경력 단절을 벗어나야만 한다. 마냥 쉬는 게 아니라 잠시 숨 고르기를 하는 것이다. 경단녀(경력 단절 여성), 경단남(경력 단절 남성)은 나에게 어울리지 않는다. 말 그대로 짧은 의미의 '단절斷切'인 것이다.

05 서류보다 강한 면접의 달인되기

면접 준비생들이 범하는 가장 큰 오류는 '나 주도적인 면접'을 하는 데 있다.
철저한 '상대 주도적인 면접'이 되어야 한다.

대기업에서 10여 년간 일하고 관리직까지 경험한 J씨는 보다 안정되고 확실한 직장 생활을 위해 퇴사한 후 공기업으로의 재취업을 준비했다.

명문대학 출신, 대기업 경험과 어학 등 여러 가지 화려한 스펙은 서류전형에서 걸러지기에는 아까운 이력이었다. 몇몇 헤드헌팅사에서도 그에게 관심을 갖고 구직을 도왔다. 예상대로 경력직 선발을 원하는 공기업이 많았던 터라 면접까지의 과정이 일사천리로 이뤄졌다. 그러나 최종 면접에서 턱걸이 합격은커녕, 매번 탈락했다. 모의 면접도 해보고 예상 질문도 뽑아보고, 나름대로 최선을 다해 준비했지만 연거푸 이어진 낙방은 J씨의 의욕 마디마디를 부러뜨렸다. 최근 공기업 취업 트렌드인 'NCS' 기반의 '블라인드 채용'에도 대비했는데, 서류전형이 아닌 면접에서 탈락했다는 사실이 좀처럼 실감나지 않았다.

J씨는 아직까지도 면접의 갈피를 잡지 못하고 있다. ■

면접은 아는 것이 힘이다

서류전형은 모르는 사항은 쓰지 않고 피해갈 수 있고 어느 정도 정해진 포맷에 맞춰 쓸 수 있지만 면접은 정형화된 포맷이 없기 때문에 모르면 바로 당한다. 전형적인 고전 방식은 잊고 새로운 면접 플랫폼에 빨리 길들여져야 한다. 기존의 것을 그대로 떠먹으려 했다가는 반드시 떠밀린다.

면접은 상호작용이다. 면접자와 면접관의 생각은 근본적으로 다르다는 시작점에서 면접관의 심리 상태를 읽고 짧은 시간 원만한 의사소통을 진행하는 것이 핵심이다. 면접에서의 패착 원인은 '면접관'이라는 변수를 잊고 '면접자'로서의 대응만 준비한 것에 있다. 면접자들은 기출문제를 풀거나 모의 면접 훈련으로 대비하지만, 면접관들은 어떻게 하면 기존 질문을 벗어날 수 있는지를 고민하고 있다. "입사 동기가 어떻게 되죠?", "인생의 좌우명을 가지고 있습니까?" 아직까지 이런 상투적인 질문을 던지는 면접관이 있다면 그의 자격론을 의심해야 한다. 취준생(취업 준비생) 대상 교육에서 강사들은 대부분 첫인상이나 외모 등의 가시적 면접 역량을 중요시하지만, 실질적으로 면접관 교육에서는 직무 타당성을 높이는 역량 면접 기법을 가르치고 있으니 서로간의 미스 매칭이 만족스러운 결과로 이어질 리 없다.

일단 현행 면접 동향에 대해서 알아야 한다. 알아야 말이라도 잘 섞을 수 있다. 블라인드 채용의 경우도 제대로 알지 못하면 기 한번

펴지 못하고 요즘 유행하는 취업 용어로 이른바, '광탈(빛의 속도로 탈락함의 신조어)' 당할 수 있다. 블라인드 면접에서 스펙은 단지 참고 사항일 뿐이다. 인성, 업무 적합성이 가장 큰 고려 대상이다. 본연의 취지가 직무 능력 기반과 검증에 초점을 두고 있기 때문에 경력자들에게는 블라인드 면접이 전적으로 유리하다. 직무 역량 자소서와 경험(경력) 기술서도 잘 쓰면 빠른 합격의 길을 안내받을 수 있다.

면접에서는 직무 경험과 구조화된 직무 역량에 대한 질문을 자주 받는다. 따라서 블라인드 채용 면접을 준비하려면 모의 면접일지라도 다수의 면접관 역할 수행자로부터 실전적인 직무와 관련한 심층 면접을 받아야 한다. 블라인드 면접이라고 해서 면접관들이 정말 눈에 안대를 하고 하는 '깜깜이 면접'으로 생각했다간 경기도 오산이다. 처음에는 갈피를 못 잡았다고 해도 지금은 다르다. 해당 직무에 적합한 훌륭한 인재를 선발하고자 구인 업체의 면접 제도와 시스템은 더욱 다양해지고 업그레이드되고 있다.

최근에는 면접의 형평성과 투명성을 확보하기 위해 빅데이터 기반의 'AI 면접'도 생겼다. 순식간에 응시생들의 말과 행동을 보고 개연성 있는 논리와 심리 상태마저 분석하고 알아낸다. 서류전형에서의 AI 동원은 이미 오래전에 보편화된 일이다. 앞으로 우리가 면접관 형상을 한 쇳덩어리 AI와 대면해야 하는 날도 멀지 않았다. 잘못하면 면접에서 AI에게 채여 낙방하게 생겼다.

이렇게 무서운 세상이니 조금이라도 더 살펴본 다음 더 나은 공략법을 찾아야 한다. 정확한 정보를 수집한 후 가장 실질적이고 효율적인 대응책을 강구해야 함이 정석이다. 이는 퇴직자들의 재취업 면접에서도 동일한 개념이다.

〈기존 면접과 블라인드 면접의 차이〉

구분	기존 면접	블라인드 면접
집중 포인트	• 스펙 등의 개인 정보 중시 • 개인적 요소 우선 　＊ 개인적 능력·자질 중시	• 직무와 직무 역량 및 연관성 중시 • 현업 적용도 우선 　＊ 직무 지식·경력(경험) 중시
제출 서류 및 작성 내용	• 사진 제출 • 병역사항 기록 • 학교명, 학과명, 졸업사항 기록 • 간단 경력 기록 　(근무처, 담당 업무, 기간) • 선택적 외국어 능력 증명서 제출 • 자기소개서 강제 없음 • 경험(경력) 기술서 강제 없음	• 사진 미제출 • 병역사항 미기재 • 학력 사항을 교육 사항으로 변경 　(학교, 학과 미제출) • 경험 및 경력 사항 상세 기록 　(소속, 조직, 역할, 활동 기간 등) • 외국어 능력 증명서 미제출 • 직무 능력 기반 자기소개서 추가 • 직무 관련 경험(경력) 기술서 추가
면접관	• 주관적 개입 가능 　＊ 평가 오류 우려 • 즉흥적 면접관 역할 수행 가능	• 주관적 개입의 상대적 낮음 • 면접관끼리의 사전 협의 중요 • 개념 모르면 응시자 정보 없어 당황
면접 형태	① 단독(일대일) 면접 – 면접관 : 지원자 　＊ 지원자 개인 특성 파악 ② 개인 면접 – 다수의 면접관 : 지원자 　＊ 자기 소개 요구, 다양한 질의응답 ③ 집단 면접 – 다수의 면접관 : 다수의 지원자 　＊ 선발 방식으로 운영 ④ 토론 면접 – 4~5명 단위 팀을 이루어 주제 토론 진행 　＊ 이해력, 협조성, 판단력, 표현능력 등 파악 ⑤ 프레젠테이션 면접 – 주제 부여 정해진 시간에 발표 　＊ 이슈 이해, 창의성, 문제 해결 능력, 실무 능력 등 파악 ⑥ 압박 면접 – 스트레스 부여 반응 탐색 　＊ 스트레스 내성 및 인성과 대응 태도 관찰	

※ 자료: 윤영돈 외, 《자소서 & 면접마스터》, 비전코리아, 2018년.

대응 전략을 수립하여 체계적으로 준비하자

재취업을 준비하는 퇴직자들에게 면접은 더욱 중요한 변수가 되었다. 지금까지 쌓아온 경력만으로도 서류는 통과할 수 있을지 모르지만, 면접 준비에는 그 이상의 노력을 쏟아부어야 한다. 퇴직자들은 간혹 기존의 풍부한 경험이 면접에서 자신에게 유리함을 가져다줄 것으로 생각해 준비에 소홀히 임하는 경향이 있다. 그러나 이는 오히려 가장 조심해야 할 부분이다. 경험은 생소한 것에 임한다는 긴장감만 덜어내줄 뿐이다. 면접 스킬과 대응은 여전히 정답지 없는 논술시험과 같다. 잘못하면 잘 가다가 최종 탈락이라는 불상사를 맞이할 수 있다.

퇴직했더라도 재도전 면접에서는 트렌드에 맞는 면접 콘텐츠를 찾아내고 끊임없이 대응방안을 고심해야 한다. 예를 들어, 우리나라가 현재 북한과의 화해 모드가 공고화되고, 북한의 핵위협이 제거되는 현행 이슈에 대한 질문은 다른 질문에 기대서라도 늘 나올 수 있다. "북한 김정은의 전쟁 종식 선언이 응시자의 심리 상태에 어떤 영향을 미치는지요?" 이런 황당한 질문도 나올 수 있으니 예상 질문 목록에 넣어 답변을 미리 헤아려야 한다. 순발력 있는 즉흥적인 답변과 잘 준비된 답변은 내용상의 질적 차이가 크다.

면접 준비생들이 범하는 가장 큰 오류는 '나 주도적인 면접'을 하는 데 있다. 철저한 '상대 주도적인 면접'이 되어야 한다. 다시 말하면 나의 입장에서 '내가 이러한 질문에 어떤 답변을 해야 하는가?'

가 아니라, 상대방인 면접관의 입장에서 어떤 질문을 던지고 어떤 대답을 원하느냐를 파악해야 한다.

말하자면 고객 맞춤형으로 고객인 면접관이 원하는 것을 주어야 한다. 마케팅 분야의 거장 테오도르 레빗Theodore Levitt이 "사람들이 원하는 것은 드릴이 아니다. 그들이 원하는 것은 구멍이다"라고 한 말처럼 '커스터마이징Customizing' 전략을 면접에서도 실행해야 한다.

다시 예를 들어보자. 면접관들은 "당신은 왜 취업하려는 겁니까?"가 아니라 "우리가 왜 당신을 채용해야 합니까?"라는 이유를 듣기 원한다. 단순하지만 추상적이지 않은 이 질문은 구체적인 역량에 대한 답변 요구서를 품고 있기 때문이다. "마지막으로 하고 싶은 이야기를 해보세요"라는 면접관의 말에 자신의 의지와 미래의 포부를 이야기하는 것도 좋지만, 지원한 회사에 대한 긍정적 느낌을 이야기하고 면접 기회를 준 것에 대한 감사의 뜻을 전하고 마무리 인사말을 전한다면 상대 주도형 면접을 실천한 것이라 할 수 있다. 의미 있는 클로징 멘트에 지원자가 아부하고 점수를 따려한다고 생각하는 면접관은 아무도 없다. 설령 그렇더라도 기분은 좋을 것이다. 그래서 면접 준비는 '뿌린 만큼 거둔다'가 맞다.

재취업 면접일수록 더욱 신경 써서 준비하자. 퇴직해서 고통받고, 연달아 구직 고배의 고통을 받는 '2중고'에 시달리지 않도록 해야 한다. 이는 메르스 전염병보다도 무서운 퇴직자들을 '두 번 죽이는' 존재다. 재취업도 최종 관문은 역시나 면접이다. 마지막 관문에서 넘어지면 얼마나 안타까운 일인가? 면접에 실패한 사람은 자칫하면 고시낭인처럼 재취업 낭인 신세로 내몰린다. '내가 면접관들보다 인생 경험이 많고 경력이 대단하다.(실제 그럴 수 있다)'는 마음가짐으로 기죽지 말고 당당하고 자신감 있게 면접에 임해보자.

〈재취업 면접 공략 수칙〉

1. 기출 질문지는 참고만 해라.
2. 면접관을 대화하는 파트너라고 생각하라.
3. 나의 발전이 아닌 직장(조직)의 발전에 기여할 것을 말하라.
    * 지원한 곳 제대로 알고 가기 (비전, 성장 동력, 인재상 등)
4. 튀는 답변은 하지 마라.
    * 논리적 비약, 농담, 깜짝 놀라게 하는 활동 등
5. 하지 말아야 할 표현은 하지 마라.
    * 전문적인 용어, 약어, 근거 없는 자신감, 또는 통계자료 등
6. 추상적이지 않은 구체적인 답변을 하라.
7. 무리하게 잘 보이려고 하면 탈락한다.
8. 자신이 해당 업무에 적합한 사람임을 어필하라.
9. 나보다 어린 면접관에게도 깍듯하게 대하라.
10. 이전 직장에 불만이 있거나 부정적으로 보이는 말을 삼가라.
11. 무리한 처우나 대우를 요구하지 마라.
12. 마무리 멘트에 신경 써라.

06 경력 방해 요소, 꼰대 탈출

'세대 공감'까지는 아니더라도, '세대 격감'으로 신세대로부터 '꼰대 적합' 판정은 받지 않도록 하자. 현직일 때 은행의 뱅크런처럼 꼰대런을 시도하자.

●
● ● 유명 프랜차이즈 가맹 본사인 ○○회사 마케팅팀 구성원 중 50대는 아무도 없다. 새로 온 K팀장이 유일하다. 마케팅 부서원들은 열심히 일하고 부서 단합도 잘되는 편이다. 하지만 시간이 지날수록 직원들은 K팀장 때문에 조금씩 피로도가 쌓이기 시작했다.

K팀장과 부서원 사이에 있는 문화적 코드의 차이가 문제였다. K팀장의 마인드와 소통 방식은 마치 예전의 것을 그대로 옮겨놓은 듯했다. 아직까지도 직원들이 늦게 남아 일하는 것을 좋아하고, 보고서는 이야기만 하면 뚝딱 만들어지는 것처럼 시간차 없이 가져오길 원하며, 회식 등의 부서 활동은 언제나 일방적인 통보식이었다. 어쩌다 철 지났거나 춥기까지 한 썰렁한 아재 개그에 조금 웃어주기라도 하면 신나서 개발까지 해서라도 들려줄 것처럼 눈치마저 없었다.

아직까지 아날로그 방식을 선호하고, 노래 선곡도 구닥다리, 간단한

pc 기능과 앱 설치도 시시콜콜 묻는 K팀장을 부하직원들은 마지못해 따르고 있다. K부장은 자신이 직원들로부터 점점 소외되고 있다는 것을 모른다. 부서원들은 K팀장을 제외시킨 자신들만의 단체 카톡방에서 그를 'K꼰대'라고 부른다. ∎

꼰대는 보이지 않는 경력의 오명이다

1980~90년대에 직장 생활을 한 중장년층은 기성 세대인 자신들의 자녀들, 이른바 '밀레니얼 세대'와의 차이를 이제 '그러려니'하며 당연한 것으로 받아들여야 한다. 우리가 신입사원 때나 실무자 때 상사들을 모시고 직장을 위해 충성했던 마인드와 행동이 아까워 그 시절의 표면적 젊은이로만 빙의한 요즘 신세대들에게 "우리 때는 안 그랬는데~", "우리 때처럼~"을 들먹이다가는 영원한 꼰대로 낙인찍힐 수 있다. 옛날 생각하면 본전도 못 건지는 아쉬움이 있어도 할 수 없다. 인정할 건 인정하고, 받아들일 것은 받아들이고 넘어가야 한다.

요즘 20~30대에게는 더 이상 '까라면 까' 방식이 통하지 않는다. 하라고 해도 자신들이 할 수 없으면 못한다고 하고, '주 52시간 근무제', '워라밸'을 빌미로 정해진 시간에만 일한다. 어쩌다 야근을 시키려면 상응한 수당을 주든지 향후에는 '절대 야근 지시 금지'라는 각서를 써주고 사정해야 할 판이다. 보고서는 최대한 시간을 질질 끌며 자기 스케줄에 맞추어 제출하고, 몇 주 전에 미리 예령을 걸어주지 않으면 번개 회식에는 중요한 개인 약속이 먼저라며 번개처럼 사라진다. 회의시간에는 아예 대놓고 쌓인 휴대폰 문자 정리를 하는 간 큰 신입사원도 있다.

신입사원 630여 명을 대상으로 조사해보니, 상사가 커피 타오기 등의 개인 심부름을 상습적으로 시키면 순순히 한다는 신입사원이 14.4%, 따르지만 골탕 먹인다는 의견이 20.8%, 핑계대고 안 한다가 23.8%, 나중에 따진다가 33.4%, 무응답 등 기타가 7.6%라고 한다. 이런 현실에 중장년층은 허탈감이 생기고 울화가 치밀어 오를 수도 있다. 마음 같아선 예전처럼 신입사원 목을 휘어 감고 헤드락을 걸고 싶지만 어쩌겠는가? 이미 세상은 변했고, 항변하고 따질수록 더 심각한 꼰대로 전락할 뿐이다. 더 심해지면 '개저씨'와 '개줌마'로 불리기도 한다.

꼰대로 계속 살면 집에서도 꼰대가 될 수 있다. 자녀들과는 말을 섞기조차 힘들어지고 평생 우군이었던 배우자마저 적군으로 돌아설 수 있다. 꼰대는 경력 관리 측면에서도 천덕꾸러기다. 계속 그렇게 꼰대질의 경력 쌓기를 했다가는 공식 경력상에 드러나지 않더라도 비공식적으로 경력의 오명을 뒤집어 쓸 수 있다. 꼰대 행동이 이후 경력 관리의 장애물과 걸림돌이 되어 자신의 경력 진전을 저지할 수 있기 때문이다. 퇴사나 퇴직 후에는 꼰대 아닌 사람들에게 다시 지원서를 내고 면접문을 통과해야 하기에 이래저래 꼰대형 인간은 이제 설 자리가 없다.

따라서 스스로 꼰대라는 생각이 들지 않더라도 향후 꼰대 위험을 감지하고 현역으로 있을 때 '꼰대 탈출'을 위한 정면 돌파를 시도해야 한다. 일단 내가 정말 꼰대인지 자가 진단부터 해보자. 제시된 15문항에서 나에게 해당되는 사항이 있으면 체크해보자.

〈꼰대 자가 진단 테스트〉

1. 편견을 가지고 있다. ("젊을 때는 고생좀 해봐야 돼~") · · · · · · · · · · · ☐
2. 식당 직원에게 간혹 반말을 하거나 "어이~" 또는 "종업원"이라고 부른다. ☐
3. 요즘 신세대들은 버릇이 없다고 생각하거나 이야기한다. · · · · · · · · · ☐
4. 내 생각이 틀렸는데도 고집을 꺾지 않는다. · · · · · · · · · · · · · · · · · ☐
5. 스마트폰으로는 통화 이외에 어플을 설치하거나 잘 쓸 줄 모른다. · · · · ☐
6. 인터넷 기사보다 아직도 종이 신문에 익숙하고 자필 메모를 주로 한다. ☐
7. 회식 자리에서 일장 훈시를 하고 술잔을 돌리거나 순서대로 말을 시킨다. ☐
8. 군대 무용담 자랑하고 "우리 때는 말이야" 이런 말을 자주 한다. · · · · · ☐
9. 농담이라고 하면서 썰렁한 아재 개그를 많이 한다. · · · · · · · · · · · · ☐
10. 술 마시고 객기를 부리거나 큰소리를 내본 적이 있다. · · · · · · · · · · ☐
11. 마음만 먹으면 아직도 자신이 뭐든 잘할 수 있다고 생각한다. · · · · · · ☐
12. '신세대 용어'를 거의 모른다. · ☐
13. 노래방 가서 곡을 고를 때 백번 단위의 번호를 고르고 주로 **트로트**를 부른다. ☐
14. 조직에 무조건 충성하고 자신은 그렇게 하고 있다고 생각한다. · · · · · ☐
15. 부하직원들이 자신을 대우해주고 챙겨주기를 원한다. · · · · · · · · · · ☐

체크된 항목의 개수를 세어보라. 3개 미만이면 당신은 전혀 꼰대가 아니다. 3~8개면 어느 정도의 꼰대 증후군이 있는 것이고, 9개

이상이면 이미 몸 전체로 꼰대 기질의 전이가 이루어지는 상태라고
보면 된다.

위의 체크 내용을 반대로 하면 꼰대 탈출의 방법론이 나온다. 꼰
대 평가로부터 벗어나야 제대로 된 경력을 관리할 수 있다. 나 자신
이 상사로서 부하직원들에게 하나하나 설명하며 열정적으로 지도
할 때 부하들이 공감하고 잘 따라준다고 자신이 꼰대로부터 탈출된
듯한 착각에 빠지지 마라. 회식을 하면 직원들이 기분이 좋아질 것
이라고 생각하지도 말자. 기분이 좋은 사람은 당신뿐이다. 들뜬 마
음에 술잔 돌리기, 좌우로 돌아가며 한마디씩 하기까지 시켰다가는
신세대 직원들로부터 영원히 빈축을 살 수 있다. 그들은 돌아가면
서 순서대로 뭔가 하는 것을 정말 싫어한다.

직원들이 당신의 한마디 한마디에 집중하고 있다면 당신의 이마
에 보이지 않게 써있는 '대표이사', '팀장', '부장' 등의 사회적 지위
와 영향력을 보고 집중하는 척하는 것이다. 아직까지 '탐라'를 페이
스북 타임라인이 아닌 제주도로 인식하고 '#(해시태그)'를 '우물정'
으로 보고 유튜브나 케이블 TV가 아닌 지상파 TV에서만 뉴스나 드
라마를 본방사수하려 하고 '마상(마음의 상처)', '스벅(스타벅스)', '혼
밥(혼자서 밥을 먹는 것)' 등의 용어가 무엇인지 궁금해하고, 인기 아
이돌 멤버 한명도 기억하지 못하는 자신의 상사를 지위 여부를 떠
나 누가 인정하겠는가?

'세대 공감'까지는 아니더라도 '세대 격감'으로 신세대로부터 '꼰
대 적합' 판정은 받지 않도록 하자. 자신만의 사고의 틀과 세계관에

함몰되어 있으면 영원히 '그때를 아십니까?' 같은 추억의 향수에 젖어 살아야 한다.

현직일 때 은행의 '뱅크런'처럼 '꼰대런'을 시도하자.

지금하지 않으면 퇴직해서도 'GD(Good Design: 굿 디자인)' 마크가 아닌, 'GGD(꼰대)' 마크가 붙어 다니며 퇴직 생활에도 훼방을 놓을 수 있다.

현직일 때 '꼰대'라는 적폐를 청산하자

부정적인 비유이지만 도둑이 도둑으로 몰리지 않으려면 도둑질을 하지 않으면 된다. 꼰대로 평가받지 않는 방법은 간단하다. 더 이상 꼰대 행동, 즉 꼰대질을 생략하면 된다. 이에 대한 5가지 해법을 제시해본다.

첫째, 나이를 전면에 내세우지 마라 "올해 나이가⋯⋯", "니 몇 살이고? 나 4학년 8반이거든" 등과 같이 나이를 묻지 마라. 나이를 밝힘으로써 자신이 더 나이가 많기 때문에 우위에 있음을 은근히 과시하지 마라. 나이로 당서열 따지면 부서 내에서 1위일지 몰라도 비인기 1위이기도 하다. 자신보다 나이가 어리다고 대뜸 반말을 하면 가히 꼰대 유망주라고도 할 수 있다.

둘째, 사적인 질문은 하지도 마라. 대화할 때 신상에 대한 물음, 호구조사 등은 비호감, 비공감 언어이다. 사적 관심으로 관계의 다리를 놓으려는 노력에 신세대들은 '노땡큐'를 연발한다. "자네는 결혼 안 해?"라는 물음에 "전 안 하는 게 아니라 못합니다"라는 분위기 싸늘한 응답이 돌아올 수 있다. "남자친구는 있나?"라고 여직원에게 물었다면 그녀는 속으로 성희롱에 근접한 불쾌감을 느낄 수 있다. 차라리 좋아하는 영화나 여행지를 물어보는 것이 서로 편하다.

셋째, 과거의 추억과 무용담을 늘어놓지 마라. "우리 때는 안 그랬는데 말이야", "내가 왕년에는 말이지 새벽 5시까지 술을 마시고 제일 먼저 출근한 사람이야." 이런 말들은 젊은 세대들에게 '극혐(극도로 혐오스럽다는 신조어)'이다. 회식할 때 군대 이야기, 군대에서 축구한 이야기 또한 금물이다. 이야기하는 당신만 재미있지, 다른 사람들에게는 '핵노잼(정말 재미없음의 조어)'이다.

넷째, 지위나 영향력으로 훈계하고 대우받으려 하지 마라. 팀장만 아니고 부장만 아니면 훈교나 설교할 때 딴청을 부린다. 자리를 박차고 나갈 수도 있다. 식사 때 불편하게 스테이크를 먹느니 편의점 컵밥을 혼자 먹겠다는 게 신세대들이다. 그들은 당신의 회식 배려가 전혀 달갑지 않다. 법인카드만 주고 홀연히 사라지기를 더 바란다. 지금 당신의 영향력 때문에 마지 못해 커피를 타준다면, 퇴직해서 찾아오면 물도 안 줄 수 있다. 의전을 기대하지 말자. 마주치면 늘 깍듯이 인사하고, 엘리베이터에서도 양보하고, 택시 탈 때 문을 열어주며 상사가 눈앞에서 사라질 때까지 서있는 등 과거와 같은 상사에 대한 의전에 신세대들은 더 오글거릴 것이다. 그들에게 대우받으려 하면 할수록 졸지에 개념 없는 꼰대 상사로 호감지수는 급하강 한다. 인생무상, 권력무상이니 포기하도록 하자.

　마지막으로 언제라도 꼰대로 전락할 수 있음을 인정하라. 자신만이 아저씨, 아줌마 또는 어른이라고 우기면 정말 곤란하다. 이는 날카롭고 당돌한 신세대들의 심기를 건드리는 일이다. 그들을 이해하고 공감모드로 접근하는 길만이 꼰대 방지 지름길이다. 노래방에서 신입사원과 함께 합창할 수 있고, 아이돌 이야기로 토론을 벌이고, 어색하지 않게 SNS에 좋아요를 누르고, 댓글을 그들의 문화적 용어로 달아줄 수도 있어야 한다. 처음부터 꼰대인 사람은 없다. 자기 식으로 고착된 신념에 빠지다 보니 그렇게 된 것이다. 상사로서, 아버지로서 권위는 잃지 말아야 하지만 소통 면에서는 수직선보다 수평선이어야 하는 것이 맞다. 조금씩 알고 그들의 리그에 참여하려고 노력해야 한다. 처음에 힘들더라도 자꾸 하다 보면 서서히 나도 모르게 꼰대 진영에서 벗어날 수 있다. 꼰대를 오랫동안 쌓이고 쌓인 관행인 '적폐'와 같다고 생각하고 조기에 이를 퇴치하도록 하자.

　꼰대를 졸업하고 퇴직해야만 다시 맞이하는 조직 생활에서 홀대받지 않는다.

Chapter 5

가보지
않은 길
걷기

퇴직 기획

01 다시 도전하는 잡 서칭 기획

> 퇴직자들은 두 부류가 있다. 일이 있는 사람과 일이 없는 사람. 단순 논리로
> 뭔가를 하고 있는 사람이 아무것도 하지 않는 사람보다 행복하다.

고위직 공무원까지 마치고 명예롭게 퇴직한 H씨는 농촌으로 가서 전원생활을 하기로 마음먹었다. 부모님으로부터 물려받은 재산, 공무원 연금에 그동안 알뜰히 모은 자산까지 합치면 그에게 퇴직 후 경제적 어려움은 그다지 짐이 되지 않았다. 미리 보아둔 경치 좋은 곳에 전원주택도 짓고, 상업적인 목적은 배제한 호박, 상추 등의 소규모 농작물도 재배해보고, 주말이면 아들, 딸 손자와 바비큐 파티까지 즐기는 등, H씨는 그동안 직장 생활을 하면서 미뤄온 여유와 휴식을 단번에 보상받는 삶을 살았다.

그러나 몇 달이 지나고, 해를 넘기면서 소일거리의 무료함이 그를 괴롭혔다. 매일 의미 없이 반복되는 일상은 육체적 편안함은 주어도, 심리적 안정감은 빼앗았다. 농작물을 재배하고 화초를 가꾸는 일은 애초부터 적성에 맞지 않았던 건지 차츰 싫증이 났고 사람들의 발길이 줄어드

는 만큼 주말 파티도 뜸해졌다. 급기야 하루 종일 만나는 사람이라고는 이웃 주민 몇 명이 고작이었다. 일상에 특별한 변화도 없었다. 아내는 무료함을 달래려는지 하루 종일 TV 드라마만 보고 있다.

H씨는 자신보다 아내에게 더 미안한 마음이 들었다. 그의 나이 이제 62세! 아직도 일할 수 있는 에너지는 비축되어 있는데, H씨는 너무 빨리 귀농을 서두르고 은퇴 생활을 시작한 것은 아닐까 하는 생각이 들었다. 모든 것을 청산하고 다시 도시로 향할까 하는 생각도 했다. 하지만 그러기에는 한적한 시골의 전원주택을 바탕으로 구성된 자신의 모든 생활 시스템을 파괴해야 하는 것이 부담되고, 한편으로는 겁도 났다.

H씨는 지금, 일과 생활 사이에서 심각한 딜레마를 겪고 있다. ■

일할 수 있을 때까지 일하자

'호모 헌드레드Homo Hundred(100세 인간)'라는 말이 생겼다. 이제 웬만하면 100세까지 산다. 국내 100세 인구는 현재 5,000명을 넘어섰다고 한다. 10년 만에 3배 가까이 늘었다. 의학 기술의 발달과 더불어 의사들은 우리가 고혈압에 시달리고, 골다공증에 걸려 비실비실 하면서도 100세 이상 연명할 수 있게 만들 것이 분명하다. 이렇게 가다간 인생 2모작, 3모작을 넘어 '인생 4모작'도 나올 것 같다.

정년 평균을 60세(사실 직장인들은 이보다 더 적을 수 있다)로 잡더라도 퇴직 후 40년을 더 살아가야 한다. 100세 전 20년은 '골골', 또는 '겔겔' 인생이라 쳐도 비교적 쌩쌩한 나머지 20년은 과연 무엇을 하며 살아갈 것인가? 그 20년을 일 없이 산다고 생각하면 끔찍하다. '일할 수 있을 때까지 일하자'는 필자가 조건반사적으로 복창하게 하는 강조 멘트다. 막노동처럼 심한 육체 노동을 제외하고는 현재로서 70세까지도 거뜬하게 일할 수 있는 연령으로 본다. 최근 대법원은 육체 노동 가동연합을 65세로 상향하여 판결하기까지 했다. 의식만 또렷하면 80세까지도 일할 수 있다.

비공식 통계지만 일이 없는 사람이 더 빨리 늙고 병도 일찍 찾아온다는 말이 있다. 대기업 총수들을 보라. 물론 잘 먹고 잘 관리해서일 수 있겠지만 거의 80세 가까이 정정하게 일하니까 일반인보다 더 젊어 보인다. 그래서 귀에 못이 박히고 거슬릴 정도로 반복해서 하는 말이지만, 퇴직 후에도 일을 확보하려면 현직일 때부터 미리 준비해야 한다. 퇴직 후 '아이쿠야!' 하며 후회해도 퇴직 전 인생으로 도돌이표를 찍을 수 없고 되감기 버튼을 누를 수도 없다.

몸은 현직을 떠났어도 또 어딘가에서 평생 현역이 되어야 하는 것이 지상 과제인 것이다.

퇴직자들은 두 부류가 있다. 일이 있는 사람과 일이 없는 사람. 단순 논리로 뭔가를 하고 있는 사람이 아무것도 하지 않는 사람보다 행복하다. 여가나 취미 활동을 일의 영역으로 몰려는 사람들이 있다. 귀농은 좀 그렇고 기존의 라이프 스타일을 고수하면서 골프, 여행, 등산 등의 취미 활동을 실컷하며 살겠다는 것인데, 일 없이 즐기는 여가와 취미는 근력만 더 빠진다. 매일 고스톱만 쳐보라. 허리 아파 죽는다. 일이 없으니 심리 근력도 빠진다. 쭈글쭈글한 심리 근력은 무기력을 키우고 우울증을 유발하는 질병 인자다.

미국 메이저리그 야구선수로서 '뉴욕 양키스'의 영웅이자 명예의 전당에도 이름을 올린 '요기 베라'는 "끝날 때까지 끝난 게 아니다"라는 명언을 남겼다. 야구는 9회말 2아웃이 되더라도 끝까지 방심해서는 안 되니, 경기가 완전히 끝날 때까지 절대 포기하지 말라는 말이다.

필자는 이 말을 시니어들의 일에 적용시키고 싶다. '퇴직과 은퇴 후의 일은 끝날 때까지 끝난 게 아니니 100세가 되더라도 할 수 있으면 끝까지 붙잡고 있자'라고.

다양한 일 찾기에 다시 도전하자

퇴사나 퇴직 후의 잡 서칭job searching 개념을 정립해보자. 너무 포괄적으로 느껴지니, 재취업을 위한 구직 유형이라고 봐도 좋을 것 같다. 재취업 목적에 따른 구직 유형은 크게 세 가지다. ①이전 경험을 살려서 관련 직종으로 취업하는 경력 개발형 ②개인의 특성을 살려 새로운 분야로 취업을 하는 직업 전환형 ③보수는 다소 적더라도 일을 통한 자아실현이나 성취감을 목적으로 사회적 기업이나 공익적인 기업에 취업하는 사회 참여형.

첫째, 경력 개발형의 구직 유형은 동일한 직무로의 전환이라고 봐야 한다. 이전 직장의 경력과 노하우를 살려서 동종 및 관련 업체에 취업하거나 관련 직무를 수행하는 경우다. 연관된 경력 자문 및 컨설팅을 수행하는 것도 여기에 해당한다. 동일 업종에서 동일 직무를 수행하거나 다른 업종이더라도 동일 직무에서 일하는 형태는 가장 무난하고 보편적인 재취업 유형이라고 할 수 있다. 예를 들면 제1 직업이 군인이었다면 제2 직업은 방산업체에 취업하거나, 일반 직장에서 군과 관련된 비상계획 업무를 하거나, 군사 전문가로서 국방부에 자문 또는 용역을 수행하는 등의 일을 할 수 있다. 이 모두 경력 개발형 직무 전환에 속한다. 일반 제조회사에서 경리와 회계 업무를 했었는데, 금융 관련 회사에 가서도 경리와 회계 업무를 한다면 다른 업종에서 동일 직무로의 전환이라 할 수 있다. 자신이 그 분야에 전문성만 있으면 이러한 직업 전환은 정말 '땡큐 직업'으로의 연결이다. 모쪼록 퇴사나 퇴직 후 경력 개발형이 되도록 노력해야 한다.

둘째, 직업 전환형 구직 유형은 경력과의 직접적인 연관성은 크지 않더라도 자신의 취미나 특기를 살려서 이직 또는 전직을 하는 직무 전환이다. 드물지만 이전 직장 생활의 직무와 전혀 무관한 새로운 기술을 배우거나 일정한 자격 요건을 갖춰서 일하는 유형도 있다. 직장 생활할 때 따놓은 공인중개사 자격증으로 부동산 컨설턴트가 되고, 제빵 기술을 배워 제빵사가 되거나 지금까지 해온 익숙한 것과 결별하고 새로운 일을 선택하여 수행한다면 다른 직무로의 직업 전환이 이뤄진 것이다. 이는 전혀 다른 업종이나 낯선 직무 환경에서 근무하는 것이므로 새로운 전환점을 맞이한다는 특색이 있다. 생계 유지나 직업 선택상의 이유로 본의 아니게 자신의 경력과는 전혀 관련이 없는 일을 하게 되는 경우, 재취업 전까지 임시직을 수행하는 것도 직업 전환형에 속한다. 간혹 퇴직자들이 새로운 희망이 아닌 불가피한 상황 때문에 이를 선택하기도 하는데, 이는 재취업으로서는 가장 마지막 카드로 선택했으면 한다. 이전보다 '낮은 품질'의 직업 선택으로 자존감이 깎이고 동기부여가 저하될 수 있기 때문이다.

가령, 대기업 임원을 하다가 아파트 경비원이 되고 박사급 연구원으로 활동하다가 편의점 아르바이트를 하는 직업 전환은 탐탁지 않다. 개인의 흥미와 가치관, 그리고 그 일을 감당할 수 있는 취미나 기호 등 개인적 특성을 고려하여 신중하고 합리적인 판단을 해야 한다. 하지만 최후에는 어쨌든 일자리 연계를 위해서 하향지원 성격의 직업 선택도 수용할 수 있는 열린 마음가짐도 가져야 한다. 일단 도피성으로 선택하고 일한다면 조만간에 근심이 또 찾아온다.

세 번째, 사회 참여형 구직 유형은 사회 참여 관련 단체나, 자선단체, 재능기부 업체 등에 취업하여 활동하는 것을 말한다. 보수는 적지만, 자신이 하고 싶은 일을 하면서 보람과 성취를 느끼고자 하는 구직자에게 적합하다. 퇴직 후 사회복지사가 되어 활동하면 사회 참여형 취업이라 할 수 있다. 취업이 아니더라도 지역 사회나 지역 공동체 등에서 나눔을 실천하고 자원봉사 단체에서 일을 돕는 경우도 있다. 지식이나 스킬 등의 각종 재능기부도 포함된다. 돈이 많아 자선 사업, 기부 행위를 하는 것은 제외시키자. 사회 참여형 직업 선택은 일단 돈이 안 된다. 일과 금전적 이익과의 거리가 거의 화성과 지구 수준이다. 순수하게 일하는 것에서 보람을 찾고 희생 봉사를 전제로 하는 것이기에 공익 가치 실현에 대한 긍정적 마인드가 없으면 아무나 못한다. 경제적 여유가 없으면 망설이게 마련이다. 돈을 벌지 못해 천사표 아니면 오래 못 갈 수 있으니 하고자 할 때는 충분히 고민해보자.

경력 개발형이든, 직업 전환형이든, 사회 참여형이든 아침에 일어나면 어딘가 달려갈 공간이 있다는 것은 행복한 일이다. 우선 재취업을 목표로 무엇이든 하자. 그래도 안 된다면 내가 일거리를 만들어서라도 일하자. 중년이든 장년이든 노년이든 일을 통한 삶의 균형 문제는 늘 학기 중 제출해야 할 레포트처럼 부여되는 과제다.

'나는 생각한다, 고로 나는 존재한다'가 아니라 '나는 일한다. 고로 나는 생존한다'이다.

02 창업은 아무나 하나

프리랜서인 '1인 기업'으로 창업하기를 권한다. 창직은 자신의 현직과
연결시켜 쉽게 올라탈 수 있는 퇴직 후 나의 '일거리 열차'가 될 수 있다.

U씨는 항상 자기 일을 갖는 것이 꿈이었다. 직장인인 그에게 창
업은 하나의 돌파구처럼 여겨졌다. 직장 생활 15년차의 염증이 더해갈
무렵, '창업 한번 해볼까?'라는 의지가 더 솟구쳤다.

기회가 왔다. 아는 지인이 좋은 창업 아이템을 제안한 것이다. 획기적
인 음식물 처리기 사업인데, 음식물을 분쇄하는 기술로 특허를 받았으
며, 타 제품과는 비교가 안 될 성능이란다.

실제 시제품을 써보니 만족할 만한 결과가 나왔다. 뜻이 맞는 투자자
들을 모아 과감하게 회사를 차렸다. 하지만 제품 만드는 비용뿐만 아니
라, 마케팅, 서비스 구색까지 갖추는 데 엄청난 자금이 들어갔다. 밑 빠
진 독에 물 붓기처럼 창업 자금과 고정비가 새어 나갔다. 더 이상 투자
여력이 없어 포기하기에는 지금껏 들어간 돈이 너무 아까워 집 담보, 대
출 등 뭐든지 끌어모아 틀어막았다. 대기업에서도 기술 이전에 눈독 들

인 기술력 있는 상품이니 초기만 버티면 곧 대박이 날 것만 같았다.

온라인상에서 제품을 써본 고객들의 평가가 칭찬 일색인 것은 포기할 수 없는 가장 큰 위로였다. 그러나 사업이 본격적인 궤도에 채 오르기도 전에 경기 불황의 직격탄을 맞았다. 불황에 음식물 처리기를 집에 들이는 서민이나 중산층은 없었으며 상류층은 음식물 처리기보다는 사람을 써서 처리하는 걸 선호했다. 제품 출고의 순환 고리가 얽히면서 자금 회전도 막혔다.

하루하루 재고가 쌓이면서 시름도 쌓여갔다. 말로만 듣던 생활고가 U씨에게 다가왔다. 동업한 지인들과의 관계도 소원해지기 시작했다. 이대로 부도가 나면 그 후폭풍 또한 대표인 자신에게 돌아온다는 사실이 그를 더욱 옥죄었다. ▪

웬만하면 창업하지 마라

다음 4가지의 공통점은 뭘까? ①사자의 코털 ②아버지의 퇴직금 ③이브의 사과 ④나무 위의 벌집. 정답은 '절대 건드리지 마라'이다. 개인적으로 여기에 하나 더 추가하고 싶다. 바로 '창업'이다.

일단 창업에는 심사숙고해야 하고 직장인 중 창업하려는 사람이 있다면 '삼고초려' 아닌 '십고초려'로 찾아가 뜯어말려야 한다. 창업하려면 정말 성공을 담보할 수 있을 때 해야 한다. 입에 칼을 물고 죽을 각오가 되어있지 않으면 창업을 결심하지 말라는 말은 어느 때나 설득력이 있다. 이렇게 위험 뇌관을 갖고 있음에도 우리나라의 창업 인구는 해마다 늘고 있다. 그것도 자영업 창업이 제일 많다. 2019년 3월 현재 전국의 자영업자는 580만 명을 넘어섰다. OECD 국가 중 창업하는 자영업자 수가 세 번째로 많다. 직장 퇴직자들은 마땅한 대안이 없어 프랜차이즈 창업, 점포 창업, 벤처투자 창업을 한다. 그러나 이는 잘못하면 짐을 지고 불속으로 뛰어드는 것과 같다. 본사에 휘둘리고, 적자에 휘청하고, 실패를 쌈 싸먹어야 한다. 자영업 폐업률이 이미 89%를 넘어서면서 자영업자들에게 이 땅은 이미 '헬조선'이요, 총성 없는 전쟁터가 되어버렸다. 먹고살기 위한 대안으로서 선택한 창업이 먹고살기 더 어렵게 만드는 모순을 가져올 정도로 현재의 창업 생태계는 완전히 무너졌다. 이러한 악순환 고리에서 창업으로 생존하는 것은 거의 기적에 가까울 정도다.

창업을 만만하게 보면 안 된다. 창업에 성공하려면 다음 4가지의 요소가 충족되어야 한다. ①창업자 ②창업 자금 ③아이템 ④환경.

〈창업의 4대 요소〉

창업자	×	창업 자금	×	아이템	×	환경

• 창업 의지
• 가족 개입 여부
• 건강 상태
• 창업 형태
  (동업 등)
		• 초기 자본
		• 유동 자산
		• 자본 상태
		• 대출 여부
		• 창업 자금
		  지원 제도
				• 차별성
				• 현실화 가능성
				• 기술 여부
				• 적성 및
				  직무 연관성
				• 독립성
						• 경제 상황
						• 상권 분석
						• 장애 요소
						• 계약 여건
						• 경쟁 구도
						• 벤치마킹
						• 타이밍

이들은 모두 곱셈의 관계다. 하나라도 부족하여 제로가 되면 결국 창업은 꽝, 실패를 면치 못한다. 네 가지 영역의 큰 요소가 아닌 그 안의 작은 것 하나를 망쳐도 창업은 삐걱거릴 수 있다.

안전하게 프랜차이즈 가맹점을 오픈한다는 사람들이 있다. 일반 창업보다 몇 배가 드는 그 비용은 어떻게 감당할 것이며, 유지는 어떻게 할 것인가? 편의점을 예로 들어보자. 초창기에 편의점 사업을 했던 점주들은 신이 났었다. 그러나 요즘은 한 건물 건너 편의점이다. 동일 상권 내에서 한정된 고객을 놓고 치열한 경쟁을 해야 한다. 부동산이 자기 것이 아니라면 임대료에 먼저 치이고, 가맹비와 카드 수수료가 목줄을 쥔다. 게다가 단기간에 무섭게 오른 최저 시급에 대한 부담은 심야 영업을 사장 몫으로 되돌렸다. 어찌됐든 있는 힘을 다해 버티지만 결국 폐업으로 내몰릴 수 있다. 지역 편의점이 망하면 이미 가맹비와 위약금을 받아 챙긴 본사의 피해는 없고 창업한 가맹점주들만 피를 보고 길바닥에 나앉아야 한다.

혹 '치킨집 수렴의 법칙'이라고 들어 보았는가? 어떤 분야를 전공하고 어떤 일을 했든지, 결국 퇴직 후에는 치킨집 사장이 된다는 유머러스한 논리는 이제 웃을 수 없는 현실이 되었다. 전국 어디를 가든 고개만 들면 치킨집이 보이고, 해마다 수천 개의 치킨집이 문을 열고 그보다 많은 숫자의 치킨집이 문을 닫는다. 치킨집 10개 중에 장사가 되는 곳은 2~3개, 그마저도 생계를 유지하거나 그럭저럭 운영하는 정도다.

이제는 이것만 있는 것이 아니다. 다른 변수도 고려해야 한다. 시대가 발전하면서 트렌드에 맞지 않아 초기 대박 창업이 쪽박이 되는 경우도 있다. 휴대폰이 피처폰이고 배터리가 일체형이 아닌 갈아 끼우는 형태였던 시대가 있었다. 잦은 배터리 소모의 불편함에 아이디어를 얻은 창업자들이 엔젤 투자까지 받아서 다 사용한 배터리 팩을 얼마의 금액을 받고 휴대폰 대리점에서 교체해주는 '만땅 서비스' 사업을 계획하여 잠시 탄력을 받은 적이 있었다. 그러나 곧 배터리 일체형 스마트폰과 보조 배터리가 등장하고 배터리의 사용 수명까지 늘어나면서 그 사업은 실패했다. 요즘은 보조 배터리 단기 임대 사업도 등장했지만 이 또한 더 좋은 형태가 나오면 단숨에 대체될 수 있어 불안하다. 이렇듯 창업 환경은 너무 유동적이고 가변적이다.

창업의 꿈을 가지고 있다면 위의 변수를 고려하는 것은 물론 스트레스는 없는지, 경제적 여유는 있는지, 남들 보기에도 좋은지, 노동력은 충분한지, 지저분한 일은 아닌지, 일에만 집중할 수 있는지 등과 같은 모든 자잘한 변수도 생각해야 한다. 그리고 나서도 한 번 더 재고하길 바란다.

자, 이래도 창업할 것인가?

가벼운 창업이나 1인 기업으로 창업하라

생계형 창업은 잘못되면 정말 생계가 막막하니 일단 보류하자.

그래도 대안이 없다면 창업의 부피를 줄이고 프리랜서인 '1인 기업'으로 창업하기를 권한다. 가벼운 창업이란 새로운 직업을 창출하는 앞서 설명한 '창직' 분야다. 이전 직업의 경험과 노하우를 바탕으로 앞으로 될 만한 새로운 직업을 만드는 창직은 까먹을 투자비가 많이 들지 않는다. '잘되면 좋고', '안 되도 할 수 없고'이다. 창직은 자신의 현직과 연결시켜 가장 쉽게 올라탈 수 있는 퇴직 후 나의 '일거리 열차'가 될 수 있다.

예를 들어보자. 초고령화 시대에 '노인 스포츠 전문가'라는 직업이 생겨났다. 노인들을 위해 생활체육 도우미 역할도 하고, 건강 상담도 해주고, 강연도 하는 것인데, 만약 이전 직장에서 스포츠와 관련된 일에 종사했거나 의료기관에서 일했다면 도전하면 좋지 않을까? 그렇다고 창직을 너무 기업형으로 하면 리스크가 뒤따르니 주의해야 한다. 현재 핫한 창직 분야에 올라타거나 그 안에서 활동하는 것을 검토하도록 하자.

기업형 창직으로 대표적인 곳이 재능마켓 플랫폼인 '크몽(www.kmong.com)'이다 다양한 분야에서 도움을 찾고자 하는 고객과 전문가 또는 프리랜서들을 온라인상에서 연결해주는 곳으로 인기가 많다. 별별 아이템이 다 있다. 상사 욕 들어주고, 식사 함께해주고, 특별한 고민 상담을 해주기도 한다. 경력 있는 시니어들은 번역, 컨설팅, 마케팅, 디자인 분야보다는 상담이나 코칭 쪽으로 특화시키면 승산이 있을 듯하다. 이러한 재능마켓 시장 규모는 차후 상호 직거래 플랫폼의 등장과 함께 더욱 확대될 것이다.

또한 앞으로는 프리랜서의 활약이 두드러지는 시대가 도래할 것으로 예상된다. 그러므로 일정 분야의 전문성과 역량을 갖추고 있다면 퇴직 후 프리랜서의 삶은 바람직한 창업 대안이 될 수 있다. 직장인과 프리랜서를 비교하면 프리랜서의 삶에도 장점이 많다. 일단 출퇴근이 자유롭다. 지옥철을 타지 않아도 되고, 야근 눈치를 보지 않아도 된다. 상사의 지시, 잦은 보고, 내키지 않은 회식은 더 이상 안녕이다. 내가 지시하고, 내게 보고하고, 내가 혼자 회식하면 된다.

그뿐인가? 일하는 시간과 방식도 철저히 내가 정할 수 있다. 평일에 늘어지게 늦잠도 자고, 느닷없이 여행을 갈 수도 있다. 어떤 사람은 프리랜서가 좋은 점이 더 이상 회사에서 사육 당하지 않아서라고 이야기한다. 그러나 프리랜서의 삶은 직장 생활로부터 자유를 얻은 대가로 안정을 반납한 '빅딜'을 한 것이다. 프리랜서는 일이 없으면 불안하고 일이 많으면 조직화, 구조화되어 있지 않아 하는 일에서의 임계치가 발생한다.

그래도 퇴직 후 재취업이 힘들다면 '1인 기업' 형태의 프리랜서에 등록해야 한다. 소속감을 주는 그럴싸한 명함도 하나 파야 한다. 억대 연봉의 스타 강사나 인터넷 파워 블로거, 또는 초인기 개인 방송 BJ, 구독률 1위를 자랑하는 유튜버가 되라고는 하지 않겠다. 이런 것들이 시니어들에게는 소위 '넘사벽'이 될 수 있다. 무엇보다 꾸준히 일거리가 있는, 잘해서 밥벌이라도 될 수 있는, 그러면서 자신이 새로운 동기부여와 자아실현을 도모할 수 있는 프리랜서가 되어야 한다. 역시나 현직일 때 '내가 프리랜서가 된다면 무슨 일을 할 수 있을까?'를 생각하고 미리 기획하면 어떨까 싶다. 퇴직 후에서야 쭈뼛쭈뼛 검토하는 것은 지각을 하고도 뭘 해야 할지 모르는 격이다. 테마는 아무래도 내가 남보다 잘할 수 있는 것, 나만이 할 수 있는 것이면 무난하다.

그런데 사람 일은 또 모르는 것이다. 설렁설렁 투잡으로 하다가, 전업으로 발전하고 그 일이 제2 인생의 물꼬를 터줄 수도 있다.

03 정보는 퇴직력이다

정보 관리의 시작은 해당 분야의 핵심 정보를 제공하는 '정보원'부터 찾는 것이다. '정보원'은 '그곳에 가면 그것이 있다'는 식의 정보 수집의 근원지다.

54세로 군 생활을 정리하는 T씨는 현재 중령 계급장을 달고 있는 군인이다.

그는 전방에서 바쁘게 근무하다 보니, 좀처럼 퇴직을 준비할 여유를 찾지 못하고 있다. 퇴역하기 1~2년 전부터는 비교적 한직에 머무르면서 제도적으로 보장된 장기 교육도 받았지만, 군복을 벗을 날짜가 다가올수록 T중령은 불안하기만 한다. 후방 지역인 지방의 모 부대에서 근무하는 T중령은 자신보다 정보 수집에서 보다 여유 있는 재경 지역에 살고 있는 동료들이 그저 부럽기만 하다.

전역 예정자 교육을 얼마 정도 앞둔 시점에 T중령은 뜻밖의 정보를 접했다. 사설 취업 컨설팅 업체에서 구직 알선을 도와주겠다고 한 것이다. 초기 가입 비용은 들지만 수시로 직업 정보도 제공하고, 취업할 때까지 책임져 준다는 것이 매력적인 제안이어서, 그는 수백만 원의 수수료를 내고 이 업체에 구직을 의뢰했다.

광고만으로 보면 국내 대기업이나 공기업에 채용 알선 실적이 탁월한 업체였다. 그러나 T중령은 차츰 겉만 화려하고 실속 없는 그 민간업체에 실망하기 시작했다. 장기간 구직에 전혀 도움을 받지 못했고 수수료만 날릴 판이었다.

T중령은 허울뿐인 취업 컨설팅 업체만 믿고 정작 자기 자신은 재취업과 퇴직 이후의 진로과 관련한 정보 수집에 소홀한 것에 후회를 금치 못하고 있다. ▪

미리미리 관련 정보를 챙기자

의외로 직장인들은 정보 수집에 취약하다. 현재의 자기 일과 관련된 정보 수집과 관리에만 밝다. 정형외과 전문 의사가 내과나 심혈관 분야를 심도 있게 알지 못하는 것과 같다. 퇴직 후에는 쉬는 것보다 새로운 일의 모색이라는 과제가 따르기에 정보 수집부터 분석 및 관리에 이르기까지의 정보력은 가히 필수 역량이다. 하다못해 농촌으로 귀농한다 해도, 아주 작은 사업 하나를 진행한다 하더라도 정보가 있어야 한다. 재취업은 말할 것도 없다. '취업은 정보전이다'라는 말이 나올 정도로 얼마나 자신에게 유용하고 의미 있는 정보를 다루었느냐에 따라 퇴직 후 구직 방향과 결과가 좌우된다.

따라서 다양한 루트를 총동원하여 구직 정보부터 탐색해야 한다. 정보 루트를 찾으면 노하우Know how가 아닌 노웨어Know-where 시대임을 실감한다. 오프라인에서 온라인에 이르기까지 정보는 즐비하다. 서점에 가면 읽기만 해도 퇴직자들에게 도움이 된다고 하는 책이 하루에도 몇 권씩 나온다. 구인, 구직만을 전문으로 하는 개인 방송이나 케이블 방송도 있다. 검색창에 관련 검색어 몇 개만 입력해도 관련 기관 전문가들이 줄줄이 엮여 나온다. 제시하는 문구만 보면 막연한 퇴직 후의 삶을 희망과 환희로 바꾸어줄 수 있다고 '뻥'을 치는 업체들까지 난무하다. 그러나 그러한 정보들이 다 믿을 만할까? 위의 경우처럼 과대 포장된 업체의 광고나 홍보 정보에 현혹되어 애먼 돈만 날리고 스트레스가 가중되는 경우가 허다하다. 나쁜 업자들은 퇴직자들의 절박함을 역이용하여 이른바 '데스퍼레이트 마케팅Desperate Marketing(절박성 마케팅)'을 해서 힘겹게 퇴직한 이들을 두 번 울린다.

결국 내가 다리품, 손품을 팔아 정보를 수집하고 관리해야 한다. 정보 관리의 시작은 해당 분야의 핵심 정보를 제공하는 '정보원'부터 찾는 것이다. '정보원'은 '그곳에 가면 그것이 있다'는 식의 정보 수집의 근원지다. 정보 소스를 제공하는 사람도 정보원이 될 수 있다. 정보원을 잘 활용하면 사소한 것에서부터 매우 중요한 정보에 이르기까지 퇴직에 필요한 모든 것을 얻을 수 있다. 정보의 원천지 '정보원'은 크게 3가지로 분류한다. ①매체 정보원 ②기관 및 단체 정보원 ③인맥 정보원이다. 이는 단지 편의상 구분한 것이며 사실 온라인과 오프라인의 경계는 없다고 봐야 한다. 이제는 온오프를 넘나드는 전천후 정보관리 시대이기 때문이다. 신문 구석에 숨어있는 작은 구인 정보 하나로 나의 퇴직 진로가 바뀌고, 무심코 지나칠 수 있는 SNS에 돌아다니는 사소한 관련 정보 하나가 나에게 매우 도움이 되는 퇴직의 '꿀팁'을 제공해주기도 한다.

빅데이터 결과를 검색하지 않아도, 비용을 써서 얻는 것이 아니더라도, 상대적으로 나에게 의미 있고 가치 있으면 유용한 정보라고 할 수 있다. 이러한 정보가 바로 알짜배기 정보다.

알짜배기 정보처럼 가장 비중 있게 봐야 할 정보원은 해당 분야 전문가나 이해 당사자 등의 인맥 정보원이다. 이는 흔히 말하는 전문가를 말한다. 다른 정보원은 정보 수집에 장시간이 소요되고, 일정한 정보 관리 스킬을 요구하고, 심지어 상응하는 대가를 지불해해주기를 바라기도 하지만, 인맥 정보는 보다 쉽게 직접적인 정보를 얻을 수 있다는 장점이 있다. 특히 전문성을 소유한 주변의 선후배나 동료, 지인 등은 가장 이상적인 퇴직 정보원이자 경우에 따라서 나의 퇴직 상담사가 되어줄 수 있는 존재다. 그러니 현직에서 인맥 관리가 중요함은 이루 말할 수 없다.

공신력 있는 정보망을 활용하자

어쨌든 퇴직자가 '다시 일을 갖는다'는 목표 아래 활용할 수 있는 직업 또는 관련 일자리 정보 범위 내에서 살펴보자. 퇴직자가 날로 늘어나면서 정부도 바빠지고 있다. 일자리를 돕는 전용 창구도 생겨났다. 가장 대표적인 것이 현 고용노동부 고용정보 시스템인 '워크넷(www.work.go.kr)'이다. 구인구직 등의 채용 정보는 물론, 직업과 진로, 직업 훈련, 직업심리 검사 등의 다양한 콘텐츠를 제공하는 종합직업 정보 및 일자리 사이트다. 구직 희망자가 일자리를 찾기 위해서 기본적으로 방문하는 워크넷은 최근 민간 채용 사이트와 정보 공유를 통해 가장 보편적인 일자리 탐색을 돕고 있다. 이러한 곳은 비교적 공신력 있는 정보망이라고 할 수 있다. 또 정부 부처별, 분야별로 정보 루트가 세분화되어 퇴사, 퇴직자들에게 지원 사격을 해주는 곳들도 있다. 고용노동부 산하 한국고용정보원이 운영하는 'HRD-NET'은 재직자와 실직자를 위한 우리나라 최대의 직업훈련 정보망이다.

민간 차원에서도 찾아보면 많다. 이들은 주로 직업 및 채용 관련 정보 포털 사이트다. 최근에는 이들이 기능별로 특화되어 취업 준비자들에게 맞춤형 정보를 제공하기에 결코 소홀할 수 없는 영역이다.(자세한 정리는 부록을 참고)

스마트 시대에 맞게 PC뿐만 아니라 스마트폰에서 앱을 설치하여 활용할 수 있고 위치정보 GPS와 결합하여 내가 거주하는 지역 일자리 정보를 자동으로 확인할 수 있으며, 각종 SNS를 통해 이를 공유할 수도 있다. 모바일에 익숙하지 않은 중장년층도 이제 스마트폰으로 정보 관리를 할 수 밖에 없는 여건이 되었다. 목마른 자가 우물을 찾는 심정으로 다급한 퇴직자들은 모바일 활용 스킬을 자녀들에게 배워서라도 시대에 맞춰 가야 한다.

　국가정보원의 원훈院訓은 '정보는 국력이다'라고 했다. 퇴직자들에게는 자훈者訓으로 '정보는 곧 퇴직력(퇴직 경쟁력)'이라고 힘주어 강조하고 싶다.

04 봉사 활동 굿, 재능기부 오케이

자동차가 계속 달릴 수 있다면 폐차되지 않는 것처럼, 결국 재능만 있으면
나를 써줄 데가 많다. 퇴직이 은퇴가 아닌 이상, 나의 재능이 계속
이어달리기 할 수 있도록 해야 한다.

불쌍한 사람들을 보면 결코 지나치지 못할 정도로 온정이 많은
은행원 U양.

그녀는 워킹맘으로서 직장 생활도 억척스럽게 해내면서 매주 주말마
다 자원봉사 활동도 게을리하지 않았다. 자녀가 고등학교에 입학하여
진학과 진로에 부모의 손길이 더 필요하다고 느낄 무렵, 은행권에서도
구조 조정의 칼바람이 스쳤고 희망 명예퇴직 분위기가 감지되자 그녀는
앞뒤 돌아보지 않고 누구보다 먼저 명퇴를 신청하였다. 한동안은 자녀
뒷바라지에 매달렸다. 서서히 가정이 안정되어 갈 무렵, 다시 일해야겠
다는 생각도 들었지만 직장에 들어갈 마음까지는 들지 않았다.

대신 그녀는 제2 직장의 답을 지속적으로 해온 사회 봉사 활동에서
찾았다. U양은 평소 익숙한 봉사 단체의 일원으로 더욱 적극적으로 봉
사 활동에 임했고, 해당 봉사 단체가 성장하면서 사무국장 역할까지 꿰

찼다. 생활비에 일정 부분 도움줄 수 있는 급여도 받았다. 불우이웃돕기 행사, 독거노인 돌보기, 불우아동 학자금 지원 행사, 연탄 배달 봉사 활동 등 그녀는 하루하루 사람들과 함께하는 것이 행복하고 즐거웠다.

　그녀는 직장 생활하면서 꾸준히 봉사 활동을 한 경험 때문에 자신의 퇴직 후의 삶이 안정을 찾았다고 생각하고 있다. ▪

유료 형태의 사회 참여형 취업을 추천한다

앞에서 언급한 내용이지만 사회 참여형 취업은 사회 봉사와 사회적 기여 측면에서 공공이나 공익적인 부분에서 활동하는 것을 말한다. 퇴직 후 사회복지사가 되거나 재능기부 활동을 하는 것도 넓은 의미에서 사회 참여형 취업이라 했다.

하지만 사회 참여형 취업은 말이 취업이지 희생과 봉사정신, 또는 공익 가치 실현에 대한 동기부여가 선행되지 않고는 힘든 일이다. 해당 단체가 영리를 추구하는 곳이 아니기에, 보수가 열악하거나 아예 무보수로 일하는 경우도 있다. 자원봉사는 감내할 부분이 더 많다. 지역 또는 국가에 기여한다는 명목하에 대가도 없이 자발적인 시간과 노력까지 앗아간다. 사회 봉사의 재능기부가 바로 자원봉사인 셈이다.

그래서 자원봉사의 특성을 ①자발성 ②무보수성 ③공익성 ④지속성이라고 한다. 누구나 자원봉사 활동에 내 돈까지 써가며 무리한 봉사 활동을 강요받기를 원하지 않는다. 그래서 가급적 유로 형태의 '사회 참여형' 취업을 해볼 것을 적극 추천한다. 봉사도 하고 소정의 댓가도 받는 것이다. 자원봉사도 적지만 보수가 공공의 속성을 지닌 부분을 찾으면 취업으로서 의미가 있다.

공적인 자원봉사 활동의 경우, 정부 각 부처에서 인증 제도를 운영하며 지원하고 있다. 자원봉사 활동을 일관성 있게 연대하고 관리하며 참가자의 지속적 참여를 유도하기 위해 '안정과 보상'의 인센티브 개념을 도입하여 부처 산하 센터별 인증 관리 프로그램을 운영하고 보상까지 주어지는 것인데 퇴직 후 이러한 활동에 참여하는 것은 매우 고무적인 일이다. 일회성 봉사가 아닌 정기적인 봉사이기에 봉사 주관 단체와 수혜자와의 긍정적인 인간관계도 도모할 수 있다는 장점이 있다.

아무리 온정과 배려 정신을 타고났다고 해도, 내키지 않는 사회 참여형 취업을 강제할 수는 없다. 하지만 자신이 하고자 하는 마음가짐만 있다면 이는 퇴직 후 일이 없어 방황하고 많은 시간의 무료함을 잘 달래줄 수 있는 가장 확실한 대안일 수 있다. 우리 사회가 초고령화 사회로 진입함에 따라 복지에 대한 지원 규모는 점점 더 커질 것이 분명하다. 정부의 사회복지 정책도 확대일로다.

사회복지와 봉사가 결합된 일자리 부분은 수요가 더욱 증가할 것이 틀림없다. 고용노동부에서는 이미 '사회 공헌 일자리 사업'이라고 해서 유급 근로와 자원봉사를 결합한 이러한 사업 모델을 추진하고 있다. 이는 퇴직 인력의 일자리 창출을 위한 개방 통로이기도 하다. 50세 이상의 퇴직자는 누구나 참여 가능하고 식대와 교통비 외에 1일 8시간을 최대로 시간당 수당까지 받을 수 있다. 65세 노인들의 생산 활동을 독려하는 '노인 일자리 사업'도 있고, 전문 분야의 역량을 갖춘 고급 인력의 퇴직자는 해외봉사 자문단 사업에 지원하여 봉사와 일자리라는 두 마리 토끼를 잡을 수도 있다.

자기 만족형 재능기부를 추구하자

'재능기부'는 많이 알려진 바와 같이, 자신의 재능을 사회 활동에 기부하는 행위다. 이는 여유가 있을 때 해야지, 더욱 의미가 있지 않을까 싶다. 직업이 강사인 필자도 아주 가끔은 재능기부 강의를 할 때가 있다. 하지만 다른 유료 강의를 하면서 어쩌다 한번 쯤이 아닌, 계속 재능기부 강의만 하게 되면 힘이 빠질 수 있다.

퇴직자들의 재능기부는 자기 자신이 기부를 할 시간적으로나 환경적으로나 여유가 있는 상태에서 자기 만족형으로 이뤄져야 모범적 재능기부라고 할 수 있다. 또한 재능기부는 철저한 본인의 의사 결정 영역이기 때문에 타인의 강제적 조언과 권고는 조심스럽다.

만약 퇴직자들에게 '먹고사니즘'이 문제가 된다면 당장의 재능기부는 요원할 수 있다. 본연의 일을 하면서 작은 사회적 기여 측면의 하나로, 스스로 만족형 재능기부를 할 수 있도록 해보자. 내가 만약 하모니카 악기를 잘 다룬다면 친목 모임활동뿐 아니라 지역 봉사 활동이나 관련 행사, 또는 동네 주민센터에서 기꺼이 재능을 선보일 수 있고, 특별한 요리를 잘한다면 차후 결과물로 이를 입증할 수 있도록, 공개해도 좋은 '깜짝 레시피'를 선물할 수 있다. 남다른 인테리어 감각이 있다면 집 꾸미기 조언을 해줄 수도 있을 것이다.

혼자서 재능기부를 한다고 선포해도 불러주는 곳이 없다면 공공의 재능기부 프로그램이나 재능기부 동아리 등에 참석해서 실력 발휘하는 것도 검토해보자. 실제로 공기업인 몇몇 공단에서는 공단 주관하에 그곳에서 퇴직한 직원들과 함께 다양한 재능기부나 재능 나눔 행사를 벌이고 있다. 건강관리법, 의료 상식, 생활 법률 지식에서부터 노래, 마사지, 각종 힐링 체험 등 서로에게 배우고 익히면 매우 재미있고 유익한 재능을 나누는 것이다. 찾아보면 퇴직자들이 가진 경험과 전문성을 토대로, 지역 내 사회적 기업과 협동조합, 비영리 단체에 도움을 주는 재능기부 환원 사업을 하는 지역 자치단체도 많다.

앞으로 재능기부와 환원, 또는 나눔 활동은 공유 경제 시대, 공유 차원에서도 지금보다 활기찬 활동이 이루어질 것으로 보인다. 자동차가 계속 달릴 수 있다면 폐차되지 않는 것처럼, 결국 재능만 있으면 나를 써줄 데가 많다. 퇴직이 은퇴가 아닌 이상, 나의 재능이 계속 이어달리기 할 수 있도록 해야 한다. 퇴직해서 나의 재능을 기부하고 공유해줄 수 있다는 것은 그것만으로도 참 행복한 일이다. 거꾸로 퇴직 후에 아무런 재능을 줄 수 없는 처지라면, 이는 불행한 처지다.

현직에 있을 때 남에게 내세울 만한 재능을 연마하여 퇴직 후에 이를 유감없이 발휘해보자. 처음에는 다소 어설픈 개인기라도 나중에는 전문적 역량이 될 수 있다. 비록 처음에는 자기 만족에서 출발한 재능기부이지만 잘하면 타인에게 커다란 만족감을 주게 되고 나중에는 대가를 받고 기부하는 행복한 고민에 빠지게 될지도 모를 일이다.

05 내 인생의 퇴킷 리스트를 작성하자

'퇴킷 리스트'는 보다 여유가 있는 현직에 있을 때 은밀하게라도 계획하고 그
추진은 단계적으로, 혹은 과감한 결정을 통해 전격적으로 이뤄져야 한다.

직장인 S씨는 일하면서 또 '서핑' 생각을 하고 있다. 제주도에서
재미 삼아 한 번 경험하고는 푹 빠졌다. 한 달에 한두 번의 주말 서핑 계
획도 세웠다. 하지만 결국 실천에 옮기지 못하고 말았다. 결심만 하고
실행하지 않은 지가 벌써 10년째다. 이유는 직장 생활이 바빠서였다.
통장에 잔고는 쌓이지만 솔직히 돈 쓸 시간이 없을 정도로 일했다. 서
핑 자격증도 따고 서핑 강좌도 하고 싶다는 꿈이 있었지만 회사를 그만
두지 않고서는 도저히 불가능할 것 같았다. 꿈과 계획만 있고 이를 위한
실천이 없다 보니 서핑의 꿈은 사라져 갔다. 그 이후로도 10여 년이 더
흘러 S씨는 퇴직을 맞이했다. S씨는 퇴직하면 이제 서핑할 수 있으리라
생각했다.

그런데 어려움이 잇따랐다. 일단 몸이 예전 같지 않았다. 재취업을 걱
정하다 보니 여가나 취미를 즐길 틈이 생기지 않았다. 부자들의 전유물

같은 서핑을 하려 하니 지출에도 겁이 났다. 자격증, 강사 양성은 물 건너 간지 오래고, 당장 서핑 보드 한 번 잡기가 쉽지 않았다.

S씨는 현직에 있을 때 하지 못한 것을 내내 후회하고 있다. ▪

'버킷 리스트'라는 말이 있다. 죽기 전에 꼭 해야 할 리스트를 말한다. 그런데 너무 많이 듣고 너무 자주 써봐서 좀 싫증난다. 인생기획, 퇴직 기획이니 버킷 리스트보다는 퇴직 전에 꼭 해야 할 리스트를 만들어 보면 어떨까? 이를 뭐라 불러볼까? 단순하게 '퇴킷 리스트'라고 해보면 어떨까? 버킷 리스트를 작성해놓고 퇴직 전에 실천하면 퇴킷 리스트가 아닐까? 아무튼 하고 싶은 일들은 퇴직 전에 반드시 하고 봐야 한다. 퇴직 후에는 상황이 녹록치 않아 달성이 어렵다. 여행도 여력이 있는 한시라도 젊을 때 가야 하고, 자격증도 머리가 아직 잘 돌아가는 젊을 때 따야 하며, 사회봉사 활동도 자신이 봉사 받아야 할 나이 이전에 해야 한다.

그리고 직장 다닐 때 사적으로 할 수 없는 것이나 개인이 하기에 부담되는 것들은 다 해보는 지혜를 발휘해야 한다. 나의 경쟁력 증진과 자기계발을 위해서라면 좀 약은 행동 같지만 직장의 빽(?)을 적극적으로 이용하는 것이다. 그 대표적인 것이 교육과 세미나다. 필자도 한 번도 못 가본 미국을 회사에 다닐 때 세미나 참석 대상 교육 담당자로 찾은 적이 있다. 회사를 등에 업고 각종 행사에 참여해서 이것저것 배웠던 것이 기억에 남는다. 하지만 명심하자. 이러한 제반 회사의 수혜와 혜택 등은 직장에서 내가 그만큼 뭔가를 기여했을 때 이뤄질 수 있다. 즉, 일을 잘해주고, 성과를 내주어야 이런 혜택을 달라고 부탁할 수 있다. 직장과 직장인 사이에는 철저한 Give & Take 관계가 존재한다는 사실을 인지해야 한다. 하여간 퇴직 전 직장을 등에 업고 마음껏 할 수 있는 일을 해보자.

곧 임종을 앞두고 '버킷 리스트'를 작성하는 사람은 없을 것이다. 죽기 전에 해야 할 것을 쌩쌩 살아있을 때 계획하고 실천해야 함이 마땅한 것처럼, 퇴직 후에 하고 싶은 일들은 잘나가는 현직일 때 준비하고 추진해야 맞지 않을까? 퇴직 임박 후에 부랴부랴 퇴킷 리스트를 만들어 실천하려 하면, 졸속 기획을 떠나서 현직의 내리막 상황 때문에 실현은 물거품이 될 수 있다. 더구나 준비되지 않은 퇴직이라면 퇴킷 리스트 이전에 당장에 먹고사는 것을 걱정해야 하는 처지에 놓일 수 있다.

따라서 '퇴킷 리스트'는 보다 여유가 있는 현직에 있을 때 은밀하게라도 계획하고 그 추진은 단계적으로, 혹은 과감한 결정을 통해 전격적으로 이뤄져야 한다. 리스트만 써놓는 것은 학창시절 때 이루고 싶은 꿈의 목록만을 적고 실천하지 않는 것과 다를 바가 없다. 이러한 퇴킷 리스트는 퇴직해서 하기에는 힘든, 현직일 때 조금 더 달성하기에 유리한 내용으로 편성하도록 하자. 물론 반드시 실행하는 것을 전제로 한다.

퇴직 후에는 비용과 시간적인 면에서 모두 퇴직 전과 같은 여유를 찾을 수 없기 때문이다. 특히 퇴킷 리스트를 실천하려면 재무적인 부분이 뒷받침되어야 하니 현직일 때 퇴킷 리스트 실천을 위한 통장을 하나 만들자. 이른바 가뭄에 대비하여 물을 가두어놓는 '저수지'처럼 잔고를 쌓아 놓는 '저수지 통장'을 만들어 기꺼이 퇴킷 리스트 실천 비용으로 지출하도록 해야 한다. 퇴직 전에 하고 싶은 것, 해야 할 것을 하지 못하고 느닷없이, 또는 예상된 퇴직을 맞으면 백발백중 퇴직 후 후회한다.

아마 '3걸'을 할지도 모른다. ①좀 더 가볼걸 ②좀 더 해볼걸 ③좀 더 쓰고 살걸. 다양한 나 자신의 퇴킷 리스트와 더불어 후회 없는 퇴직에 임하자.

〈나의 퇴킷 리스트 예〉

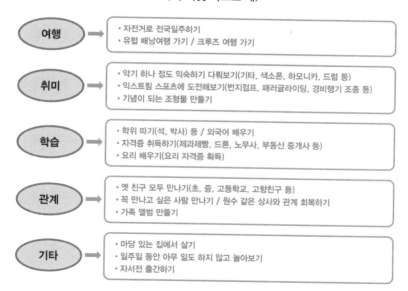

Chapter 6

내 삶을 촉진하는 자기 관리

생활 기획

01　당신의 건강은 안녕하십니까?

건강을 맹신하는 것만큼 무지한 것은 없다.
자고로 건강은 '어이쿠야' 하면 이미 늦은 것이다.
세상에서 가장 값비싼 침대는 병상이다.
우리는 앞으로 평균 100세까지는 살게 될 것이다.
지금 현재의 통계적 평균 건강 나이인 73세까지는 무병해야 한다.

직업 군인인 J소령은 오늘도 어김없이 늦게까지 부대에서 일할 준비를 하고 있다. 전쟁 대비와 전투만 잘하면 되는 줄 알았던 군인이 이렇게까지 많은 보고서를 쓰게 될 줄 몰랐다. 그는 매일 야근할 때마다 군인도 보고서 작성으로 지칠 수 있음을 체험하고 있다.

40대 중반에 이르기까지 20여 년 동안 그는 그때그때 주어진 임무와도 같이 업무에 매진했다. 그러던 어느 날, 저녁식사를 마치고 심야 시간으로 넘어갈 무렵에 갑자기 아랫배가 아파왔다. 식사 문제는 아닌 듯했다. 통증은 더욱 심해져 단련된 군인 정신으로도 감내하기 힘들었다. 소화제와 진통제를 한 움큼 먹어도 소용 없었다. 한밤중에 의무대를 거쳐 통합병원에 입원하는 소동이 벌어졌다.

J소령은 이때 난생처음 '대장 내시경' 검사를 받았다. 40대 중반까지 자신의 몸 안을 한 번도 살피지 않았던 결과는 참담했다. 위암 4기. 이

미 전이할 곳을 온몸 구석구석 찾아다닌 암세포는 강력한 항암 치료에
도 끈질기게 버티며 J소령의 건강 장벽을 하나하나 망가뜨렸다. 이후 오
랜 기간 암세포와 사투를 벌이면서 J소령은 몇 번씩 죽음의 문턱을 넘
나들었다. 치료의 고통보다 그를 힘들게 한 것은 일찍이 건강을 챙기지
못한 후회였다. ∎

가장 큰 어리석음은 바로 건강 맹신이다

육군사관학교를 졸업한 필자는 4년간 건강하게 몸을 단련한 덕
분에 젊은 날은 체력으로 얻은 득이 많았다. 남보다 술이 세다는 것
도 은근히 과시할 수 있었고, 몇 날 며칠을 무리하고 심지어 밤까지
새워도 피로감을 찔끔 느꼈으며, 그마저도 훌훌 털어내면 그만이었
다. 프리랜서 강사가 된 후에는 전국을 누비며 장시간 운전을 해도
멀쩡했고, 가리지 않고 닥치는 대로 먹어도 이상 없던 위장의 힘에
기뻐했다. 바쁘다는 이유로 가벼운 운동조차 미뤄도 몸은 버텨주는
듯했다. 규칙적인 그동안의 삶의 패턴을 정반대로 바꾸는 일도 몸
은 허락했다. 이런 필자에게도 어느 순간 건강에 빨간불이 켜졌다.
장 기능이 저하되더니 피로증후군도 더 빨리 찾아왔다. 체중이 늘
어나는 수치의 곱절만큼 혈압도 올라갔다. 아파트 계단을 7층까지
만 올라가도 숨이 가빠왔다. 쓰러지기 직전은 아니었지만, 과거의
몸 상태가 그리워졌다. 관리하지 않은 몸은 이미 '저질 체력'으로 굳

어지고 있었다. 이후 다시 몸이 정상으로 돌아오는 데 상당한 시간이 걸렸다.

필자와 위 사례의 J소령은 성능 좋은 자동차에 비유할 수 있다. 그냥 성능 하나만 믿고 냅다 달리기만 했다. 정비를 해야 한다는 생각은 했지만, 그 정비를 하기 위해 자동차를 우선 완전히 멈춰야 한다는 생각은 못했다. 어떻게 달리면서 오일 교환, 필터 교환, 냉각수 교체 등을 할 수 있단 말인가?

진정 우리 몸은 자동차와 같다. 주기적으로 해야 하는 경정비처럼 몸에 이상이 있는지 수시로 체크하고 점검해야 하며, 미리 필요한 부품을 갈아주어야 한다. 즉 때때로 예방 활동을 해야 한다. 심지어 아주 가끔이라도 때 빼고 광내는 세차를 하듯 건강 케어를 받는 것도 필요하다. 자동차에서 결함이 발생하고 나서야 수리 센터를 찾으면 훨씬 많은 비용이 든다. 심지어 이미 늦었을 수도 있다. 건강도 빨간불이 켜진 이후에 병원을 찾으면 이래저래 소모도 크고, 심하면 돌이킬 수 없는 타이밍에 절망할 수 있다.

건강을 맹신하는 것만큼 무지한 것은 없다. 회식할 때 폭탄주를 돌리며 원샷을 즐기는 상사나, 주는 술을 넙죽넙죽 다 받아내는 부하직원 모두 어리석음의 쌍두마차다. 보다 건강할 때 미리미리 건강을 챙겨야 함은 아무리 강조해도 지나치지 않는 불변의 진리이거늘, 이 진리를 건강할 때는 누구나 망각하며 산다. 열심히 일하고 있으니 자신은 건강하다고 생각한다. 가만 보면 일 중독자들 중에 건강 맹신자들이 더 많은 것 같다. 끊임없이 자기 자신을 혹사시키고 착

취한 후 문제가 터지면 그때서야 비로소 정신을 차린다.

자고로 건강은 '어이쿠야' 하면 이미 늦은 것이다. 세상에서 가장 값비싼 침대는 '병상'이다. 아무도 대신해주지 못하는 수술대에 들어가 뒤늦게 후회하는 것이다. 옛말에 '비실이 80'이라고 하지 않던가? 비실비실 건강하지 않은 사람이 자신의 몸을 챙기면서 오래 장수한다는 말이다. 반대로 건강에 자신하는 사람들이 어느 순간 소위 '한방에 훅' 간다. 건강을 자신하는 사람들은 깊이 새겨들어야 한다. 잦은 잔병 치레는 해도, 큰 병 치레는 하지 말고 살아야 한다. 큰 병은 삶의 질을 현저하게 떨어뜨린다. 중장년층이 많이 걸리는 건강질환인 고혈압, 고지혈, 고혈당을 이르는, 이른바 '쓰리고'는 고스톱의 '쓰리고'처럼 무시무시한 존재다. 일단 수치가 높으면 평생 관리해야 하고 심각한 합병증을 유발할 수 있으니 조심해야 한다.

우리는 앞으로 평균 100세까지는 살게 될 것이다. 현대 의학이 이대로만 발전한다면 150세까지도 거뜬하다. 100세를 넘어서도 건강한 삶을 영위하자는 구호는 뒤로 하더라도, 지금 현재의 통계적 평균 건강 나이인 73세까지는 무병해야 한다.

그 이후 20년 이상 동안의 불안은 어찌할꼬는 지금 논하지 말고 현재의 건강부터 따지자. 자고로 어느 정도는 건강해야 일할 수 있고 즐길 수 있다. 돈을 잃으면 일부를 잃고, 명예를 잃으면 반을 잃고, 건강을 잃으면 전부를 잃는다는 말은 들을 때마다 작은 울림이 있다. 건강은 삶을 보장하는 기본 요소다. 당연하고 지당한 말씀이니 자만하지 말고 자나 깨나 관리해야 한다.

스트레스 처방은 '소확행'으로

스트레스가 건강의 최대 방해꾼이라는 점은 아무도 부인하지 못한다. 그러나 이를 알면서도 확실한 처방을 알고 있는 사람은 손에 꼽기도 어렵다. 어쩌다 병원에 갔을 때 의사들이 꼭 하는 말이 있다. '평소에 스트레스를 많이 받지 마세요'라는 말. '의사 양반아 누가 그걸 모릅니까? 생각보다 잘 안되는 걸 어쩌란 말입니까?'라고 말하고 싶지만, 최대한 순화해서 말하고 병원 문을 나서며 당연한 의사의 말에 오히려 스트레스를 겪기도 한다.

혈압제 한 알만 먹어도 스트레스를 낮춰주는 약이 있다면 얼마나 좋을까? 그렇다면 이는 분명 '대박 상품'이겠지만 현실은 거꾸로 스트레스를 받고 이를 달래기 위해 먹는 모호한 약밖에 없다. 스트레스 완화는 소화액을 증가시켜 소화를 촉진하고, 혈액순환을 좋게 하거나 근육을 팽창, 수축하는 단순한 처방 기제하고는 다른 복잡한 뭔가가 있음은 분명하다. 스트레스의 징후도 알고 있고, 원인과 대책도 다 나와 있으며, 하물며 수십 년 동안 이에 대한 연구만 해온 의사들도 있는데, 사람들은 더 진화되고 복합된 스트레스 상황에 노출되니 딜레마다.

스트레스의 스펙트럼도 꽤나 넓어졌다. 고객 서비스의 불만족 경험과 같은 아주 사소한 스트레스부터 예기치 못한 사고, 소중한 사람들과의 이별과 같은 대형 스트레스에 이르기까지, 스트레스 제품군은 완벽한 라인업을 갖추고 있다. 일단 대형사고와도 같은 스트레스는 감당하기 힘들고, 치유 기간도 오래 걸리니 터지지 않도록 예방을 철저히 하거나 차후 상황이 생기면 전문가 도움을 받도록 해야 한다. 사소한 스트레스가 모이면 대형 스트레스가 된다. 사소한 스트레스가 아메바처럼 무한 증식하지 않도록 원천 봉쇄하는 기획으로 맞서야 한다.

사소한 스트레스의 가장 좋은 처방은 '소확행'이다. 이는 앞서 이야기한 '소소하지만 확실한 행복'을 일컫는 말이다. 일상 속 작은 행복을 경험하면서 사소한 스트레스를 날리는 전략을 구사해보자. 이렇게 생각하면 쉽다. 사소한 스트레스를 '모기'라고 한다면, 소확행은 뿌리는 '에프킬라'다. 에프킬라를 뿌려 모기를 죽이듯 소확행으로 사소한 스트레스를 상쇄시키는 것이다.

따지고 보면 우리의 일상은 스트레스의 연속이다. 어느 날 친했던 동료가 웬수가 되어 내 뒷목을 잡게 하고, 후배가 상사되는 천불이 나는 일이 생기는가 하면, 상대해야 하는 고객들과 업체로부터 빡치는 스트레스를 받기도 한다.

직장에서 상사에게 "오늘 뭐했어?"라는 말 한마디에 스트레스를 받았다면 그 상사의 출타일을 기다려 소확행의 기쁨으로 이를 완충해보자. 아니면 저녁 때 부서 동료들과 술자리를 함께하며 그 상사를 안주 삼아 씹는 즐거움의 소확행으로 스트레스를 날리는 건 어떨까. 아무튼 스트레스의 음극과 소확행의 양극이 만나 중성으로만 희석되어도 우리 삶은 크게 흔들리거나 망가지지 않는다.

〈일상의 스트레스〉	〈소확행 치유〉
1. 밥 먹다가 이물질 씹었을 때	1. 치맥 먹으며 스포츠 중계 관람할 때
2. 손톱 옆 각질 잡아당기다 속까지 뜯겼을 때	2. 기다리지 않고 바로 버스가 왔을 때
3. 가려워서 긁으려고 하는데 가려운 곳 못 찾을 때	3. 지각했는데 상사가 출타 중일 때
4. 라면 먹다가 라면 국물 눈에 튀었을 때	4. 외투 주머니에서 생각지도 못한 지
5. 뜨거운 것 먹다 입 천장 데였을 때	폐 발견했을 때
6. 공중화장실 변기 앉았는데 변기가 축축할 때	5. 꼭 사고 싶은 하나 남은 물건 득템
7. 고구마, 달걀 노른자 먹다 가슴이 확 막힐 때	6. 기분 좋은 꿈
	7. 경품 응모 당첨

마음 다스리기가 건강의 지름길

건강에 자신했던 필자가 처음 걸렸던 병이 '역류성 식도염'이었다. 커피와 음주, 급하게 또는 불규칙하게 먹은 끼니가 표면적인 원인이었지만 따지고 보면 스트레스가 주범이었다. 동네 병원부터 종합병원까지 전전하며 여러 의사들이 해결해주지 못한 이 병은 결국 스스로 마음을 편하게 다잡고, 스트레스 받을 일도 편하게 받아들이려고 노력하며, 집착을 내려 놓으면서 서서히 회복하기 시작했다.

마음 먹기만이 건강 주행의 핸들을 가지고 있던 셈이다. 퇴직자들이 퇴직 후 먹고사는 문제 이상으로 심각하게 염려하는 부분이 건강하게 사는 것이다. 특히 물리적 건강보다 더 험악한 녀석은 심리적인 질병이다. 갑자기 퇴직을 맞이한 퇴직자들은 익숙함을 차단한 상황 변화로 우울증을 겪기 쉽고, 이를 가장 힘들어 한다. 불확실한 나의 일은 축축 처지는 느낌을 주고, 항상 피곤하거나 좀처럼 즐거운 기분이 들지 않게 만든다. 우울증으로 인한 정신 건강의 악화는 신체 건강의 나약한 틈새를 어김없이 파고든다. 가뜩이나 정신적으로 의기소침하여 침체된 삶에 물리적 건강마저 위협받으니 엎친 데 덮친 격이다. 만성으로 치닫는 우울증은 급기야 합병증으로 번져 우리의 건강을 위협한다. 참 고약한 악순환의 고리다.

좋지 않은 건강 상태와 타협하여 무기력을 낳고, 무기력은 다시 잘못된 3가지 습관으로 이어진다. ①아예 시작조차 해보지 않으려는 습관 ②몰입하지 않는 습관 ③쉽게 포기하는 습관. 이 3가지는 심신이 약한 퇴직자들이 겪는 합병증의 최종 산물이다. 새로운 일자리를 찾는 것에는 '내가 얼마나 더 산다고' 또는 '내가 이 나이에 꼭 그 일을 해야 돼?'라며 회피한다. 재능기부나 기타 봉사 활동에는 '그런다고 밥이 나와? 돈이 나와?' 하면서 꺼린다. '지금껏 살아온 대로 살지 뭐'라는 체념형으로 그저 그렇게 살다가 급기야 인생의 퇴직을 맞는다.

우울증을 털어내야 건강도 회복하고 의욕도 찾을 수 있다. 하지만 우울증을 약으로 치유한다는 것은 약에 의존성을 지닌 채로 우울증을 이겨내라는 것과 같다. 우울증의 유일한 해결책은 '마음 다스리기'밖에 없다. 휴식, 체조, 명상, 감상 등의 활동은 '마음 다스리기' 수단에 지나지 않는다. 우울증 치료는 현실에 대한 수용이라는 겸허한 마음가짐에서부터 시작되어야 한다. 그리고 보다 긍정적으로 세상을 바라보는 마음이 떠받쳐 줘야 한다. 결코 쉽지 않지만 노력해야 한다.

떨어지는 낙엽을 보고 자신의 인생 무상을 푸념하지 말고, 인생의 공백기와도 같은 시기에 뭔가 의미 있는 일을 해보자는 전향적 마음가짐을 가져야 한다. 어느 정도 마음을 추스리면 그때 운동이나 산책을 하고, 음식도 충분히 섭취해야 한다. 그래도 우울하다면 의학적 치료를 검토해야 하지만 거기까지 간다는 것은 나 '건강하지 않게 그냥 살래요'라고 건강 포기 각서를 쓰는 것이니 제발 적극적인 자가 치료를 먼저 하길 권한다.

사실 건강에는 특효 식품이나 특효약은 없다고 봐야 한다. 오직 나의 심리적 안정과 생활관리만이 처방 약이다. 중국 시경《한시외전》에 '풍수지탄 風樹之嘆'의 구절이 나온다.

樹欲靜而風不止 (수욕정이풍부지)

子欲養而親不待 (자욕양이친부대)

'나무는 고요하고자 하나 바람이 그치지 않고

자식은 봉양하고자 하나 부모님이 기다려주지 않네'

이말의 뒷구절을 이렇게 바꾸어보면 어떨까?

我欲事而身不待 (아욕사이신부대)

'자신은 일을 더 하고자 하나 몸이 기다려주지 않네'

02 줄줄 새는 관계 틀어막기

인간관계에서도 파레토 법칙이 적용된다. 즉, 현재 나의 인맥 중 20%만이
퇴직 후까지 이어진다. 80% 인맥은 시쳇말로 허당이라고 봐야 한다.
일단 퇴직 후에는 상위 20% 인맥은 잃지 않고 따라오게끔 하는 게 중요하다.

대기업 구매과에 근무하는 D이사는 업무에서 막강한 영향력을
행사하고 있다. 협력 업체 선정과 납품과 관련된 권한이 많은 그는 업무
에 있어 절대적인 '갑'이다.

협력사 사람들은 D이사 앞에서 머리를 숙였고, 그럴수록 그는 우쭐해
하며 고개를 뒤로 젖히고 권한을 휘둘렀다. 심지어 해당 직원들에게 무
리한 요구를 하는 소위 '갑질'도 서슴지 않았다. 그럼에도 불구하고 그
가 회사 생활을 하면서 장인상을 당하자, 장례식장에 엄청난 조문객들
이 찾아와 격려해주었고, 그는 이러한 막강한 자신의 인맥을 자랑하고
다녔다.

그러나 그로부터 2년 후, D이사는 개인 사업을 위해 회사를 떠났다.
D이사가 일반 자영업자가 되었을 때 그 많던 인맥들은 하나둘 그 곁을
떠났다. 갑과 을의 관계가 사라지면서 그를 찾는 이들은 거의 없었고,

이전에 친분 있다고 생각했던 사람들조차 전화를 형식적으로 받거나 아예 받지 않았다.

그런 그가 부친상을 당했으나, 장인상과 달리 그를 찾아주는 조문객은 소수에 불과했다. D이사는 뒤늦은 후회를 했다. '아, 현직에 있을 때 정말 진정한 관계를 유지했어야 했구나'.

현직의 80% 인맥은 퇴직의 허울뿐인 인맥이다

20:80의 파레토 법칙이 있다. 즉, 상위 20% 사람들이 전체 부의 80%를 가지고 있다거나, 상위 20% 고객이 전체 매출의 80%를 창출한다는 의미인데 인간관계에서도 파레토 법칙이 적용된다. 즉, 현재 나의 인맥 중 20%만이 퇴직 후까지 이어진다. 장까지 살아서 가는 헬리코박터 유산균처럼 말이다. 80% 인맥은 시쳇말로 허당이라고 봐야 한다.

쉽게 말하면 내가 현업에 있을 때 100명과 인간관계를 맺고 있었다면 퇴직 후에는 80명이 도망간다. 20명이 명목상 남아있는 나의 인간관계인데, 그중에서도 20%인 4명만이 언제나 나와 함께하는 핵심 인맥이라고 할 수 있다. 그러나 이러한 핵심 인맥 4명이 아닌 명목상 4명의 인맥마저 갖지 못한 퇴직자들이 주변에 적지 않다. 퇴직과 동시에 나의 인간관계 부피는 현저하게 줄어든다. 구멍 뚫린 항아리에 물이 새듯 줄줄 빠져나간다.

현직일 때 첫째 아들 결혼식의 하객과 퇴직 후 둘째 아들 결혼식 하객의 차이가 이를 입증한다. 왜 그럴까? 영향력이 없어졌기 때문이다. 정승일 때는 정승집 개가 죽어도 사람들이 오고, 정승이 아닐 때는 그 사람이 죽어도 오지 않는다는 말처럼 직장의 인맥은 그 직장이라는 연결고리가 없어짐과 동시에 신기루처럼 사라져버린다. 진정한 알짜배기 인맥만 남게 되는데, 그마저도 신통치 않을 때가 많으니 줄줄 새는 인맥에 더 이상 누수가 발생하지 않도록 평소부터 잘 챙겨야 한다.

개구쟁이 시절 함께했던 초등학교, 중학교 동창과 힘든 수능을 이겨낸 고교 동창, 함께 시위도 해보았던 대학 동창이 아니라면 사회에서 만난 인맥들은 모두 나와 일과의 역학 관계로 맺어져 있다고 봐야 한다. 그래서 퇴직 후 사람 만나기가 참 어렵다. 비즈니스 관계 구조가 재편되어 영양가 없는 관계라면 만나주지도 않는다. 현직일 때 나의 부하직원이었더라도 퇴직하고 나서 찾아가면 어색하다. 행여 일 관계로 엮였다면 은연중에 존댓말이 나올 때도 있다.

그래서 퇴직자들은 전 직장에 기대어 일하는 것을 싫어한다. 극소수를 제외하고는 대부분 전 직장 사람 만나기를 새롭게 사람을 사귀는 것보다 어렵게 느낀다. 일찍 퇴사한 직장인들은 보통 사연이 있어 회사를 그만두게 되는데, 그 사연이라는 것이 의견이 맞지 않은 동료와의 불화, 형편없는 상사와의 마찰 등 부정적인 것이 많다. 그러니 회사를 떠나고 나면 다시는 그 회사를 쳐다보지 않는 것이다. 그 회사의 물건을 사지 않는 뒤끝 작렬의 직원들도 있다.

관계 면에서 퇴직자들에게 알게 모르게 스멀스멀 다가오는 것은 바로 외로움이다. 퇴직 후 퇴직자들이 겪는 4중고는 가난, 질병, 고독, 상실감인데 이중 관계 단절로 인한 고독의 존재감은 매우 크다. 고독을 끌어안고 자살하는 노인들이 점점 늘어나는 현상은 이를 잘 반영한다. 일단 퇴직 후에는 상위 20% 인맥은 잃지 않고 유지되게끔 하는 게 중요하다. 고객으로 말하면 단골 고객, 충성 고객인 셈인데, 나의 프레임이 바뀌어도 함께할 수 있는 인맥, 그중에서도 동료 중의 동료가 있어야 한다. 이런 친구가 나의 고독감을 덜어줄 수 있다.

친구는 3가지 단계로 나눌 수 있다. ①알고 지내는 사이나 동기 동창 등의 그냥 친구 ②경조사 챙겨주고 가끔 연락하는 좋은 친구 ③나를 알아주고 믿어주며, 함께해주는 진정한 친구.

인생을 살아가면서 내 곁에 있어주는 진정한 친구 4명은 바로 ③번 유형의 친구다. 그런 친구가 있는 것만으로 행복한 사람이다.

인간관계는 결코 가로지기로 넓을 필요가 없다. 그건 인맥이 아니라 그냥 오지랖이다. 넓이보다는 깊이가 있는 종심 깊은 인맥이 진정한 나의 인맥이 되어 휴대폰 통화 목록에 자주 등장하고, SNS상의 먼저 보기와 우선 노출의 특권을 누릴 수 있다. '지란지교'와 같은 친구가 퇴직 후에는 더 간절하다.

늦은 밤에도 통화할 수 있고, 몇십만 원 정도는 아무런 이유를 묻지 않고 빌려줄 수 있고, 내 비밀을 끝까지 지켜줄 수 있는 지란지교가 내 주변에 있어야 한다. 이는 곧 나의 가장 소중한 인맥이라고도 할 수 있다. 프랑스 말로 '마니또', 나를 지켜주는 수호천사와 같은 존재다. 나의 상황과 환경이 변해도 내가 처한 현실과 관계없이 내 곁에 머물러 있는 친구, 퇴직 후 이런 친구가 있으면 든든하다. 그래야 덜 외롭다.

'있을 때 잘하자'는 말은 현직의 인간관계를 대변한다. 여기에 하나 더 추가하여 '있을 때 모든 사람에게 잘하라'는 이야기를 하고 싶다. 요즘은 이직이나 전직을 할 때 전 직장에서의 '평판 조회'까지 하는 회사들이 많다. 그래서 나올 때 더 잘하고 나와야 한다. 사람은 어떻게 될지 모르며 언제 어느 순간 전혀 뜻하지 않은 관계의 부메랑을 맞을 수 있다.

대기업에서 근무할 때, 청소 아주머니에게 홀대했던 모 과장의 사례가 있다. 그 과장은 청소 아주머니의 친척 중 한 명이 그 회사 임원이었던 것을 지방 발령 받았을 때 알았다고 한다. 또 어떤 직장인은 누군가의 도움이 간절히 필요할 때 정작 도와준 사람이 평소 함께 식사하고 술 마시고 친하게 지냈던 가까운 협력 업체 사람이 아닌, 우연히 만난 다른 부서 협력 업체 사람이었다고 한다. 이러한 사례들은 인간관계에서 얼마나 예상 밖의 변수가 많은지를 증명해주고도 남는다. 내가 못살게 굴었던 부하직원이 회사를 떠난 후 성장해 어느 날 낙하산을 타고 나의 상사로 '금의환향'하게 되는 상황을 드라마에서만 볼 수 있는 것이 아니다. 현실에서도 충분히 개연성이 있다.

막장 드라마보다 더한 상황이 현실 인간관계의 바구니에서 벌어지고 있다. 언제 어떻게 될지 모르니, 그저 회사에 몸담고 있을 때 모든 사람에게 잘해주는 게 좋다.

퇴직 후 새로운 인간관계를 다지자

　퇴직 후 다시 조직에 들어가 일을 찾으면 해당 직장의 인간관계 폴더가 포맷된다. 그 상태에서 하나둘 채워지고 새로운 관계 구조를 이루는 것이다. 그러나 직장 또는 단체 생활을 하지 않는 자영업자, 창업자, 프리랜서 등은 소수 정예 지인들만으로 이뤄진 인맥으로 고군분투해야 한다. 어떤 때는 가족만 남고 쪼그라든 인맥 인프라가 한없이 초라해 보인다.

　특히 직장에 다닐 때 오로지 직장 인맥의 한정된 범위에서만 활동한 사람들은 그 조직의 울타리에서 나왔을 때 극심한 관계 가뭄을 겪게 된다. 그래서 직장을 그만두고 조직 생활을 멈추더라도 지속적인 소속감을 가질 수 있는 인맥 카테고리는 유지해야 한다.

　직장 인맥뿐만 아니라 나중에 상황이 변하여 이를 대체해줄 수 있는 동호회, 학연, 지연, 기타 인맥 등을 평소에도 즐비하게 포진시키도록 하자. 닥치는 대로 인맥 진영을 갖출 필요까지는 없더라도 내가 좋아하는 취미를 함께 나눌 수 있는 사람들, 내가 학습하는 것에 함께 동참하는 사람들, 내가 하려는 것에 조금이나마 거들어줄 수 있는 사람들과의 관계 구조를 주변의 온오프라인 커뮤니티 활동으로 어느 정도 지탱해야 한다. 종교 활동이나 봉사 활동 커뮤니티도 나에게 도움이 된다면 얼마든지 관계 범위로 끌고 와야 한다.

찾아보면 관계가 싹틀 수 있는 곳이 너무 많아서 탈이지, 없어서 설정을 못하지는 않는다. 다만 이해관계, 금전 관계, 기타 목적성 관계가 짙은 집단이나 공간은 회피해야 한다. 노인들이 심심하니까 자신들에게 경품까지 주며 잘해주는 '건강기구'나 '건강보조식품' 판매 업체에 시간과 돈을 투자하는 것은 가장 어리석은 한시적 관계 형성의 단면이다. 허접한 물건과 가식적인 관계의 가면은 금방 드러난다. 무조건 잘해주는 사람은 일단 의심하고 볼 일이다.

적어도 당당한 퇴직자라면 퇴직 후 인간관계 모양새가 변형되지 않도록 퇴직 전 인맥 네트워크에서부터 차곡차곡 좋은 관계를 구축해야 한다. 관계를 지속하는 가장 좋은 방법은 현직에 있을 때 인간적인 결속을 잘 다져 퇴직하고 나서도 간헐적으로나마 관계가 보존되게 하는 것이다. 더도 말도 덜도 말고 꾸준히 경조사를 챙길 정도의 관계가 어떨까? 그러려면 그 사람과의 커뮤니케이션 끈이 수년간 끊어진 상태로 있으면 안 된다. 몇 년 동안 연락 한 번 없던 사람이 어느 날 자녀의 결혼식을 알리는 메신저를 보낸다면 과연 참석할 마음이 생길까?

또한 관계의 부피가 줄어들었다고 당연히 관계가 중단될 거라고 예상해 내가 먼저 방어적이고 수동적인 행동을 하는 것은 지양해야 한다. 잘 안 풀린다고 기죽지 말고 연락하고 싶으면 연락하고, 만나고 싶으면 만나야 한다. 만날 때 영업을 하거나 뭔가를 기대하지 말고 그저 순수하게 만나면 된다.

　은근히 도와달라는 이야기를 비추었는데 정작 도와주지 않으면 더 실망하고 어깨도 처진다. 그러니 아무리 아쉬워도 아쉬운 소리 하지 말고, 그쪽에서 자연스럽게 도와주면 마지못해 하는 것보다는 조금 부드럽게, 사양하지 말고 받아들이면 된다.

　'사람이 답'이고, '사람이 먼저다'라고 했다. 이제 '재財테크' 이상으로 '인ㅅ테크'도 잘해야 한다. 비록 어딘가로 내쳐져도 내 주변에 남아있는 사람들이 가장 값진 자산이다. 우스갯소리 같지만 성공하려면 가장 잘 짚어야 하는 '맥'이 있다고 한다. 바로 '인맥'이다.

03 여가를 기획하면 여가가 생긴다

여가는 나의 찌든 삶을 시원하게 적시는 청량제이며, 지친 독소를 빼내는
삶의 디톡스다. 그러나 무엇보다 나의 만족감이 주원료이어야 한다.
이제 여가도 참된 열정으로 기획하고 다스려야 하는 것이다.

직장인 Y씨는 직장에 다니면서 저축을 생활화했다. 결혼도 보류
하고 여가도 미루며 일에만 매달린 결과, 10년 만에 2억 원이 넘는 큰
돈을 모았다.

이 돈으로 무엇을 할까 고민했다. 그러던 중, 국내 123층짜리 초고층
전망대에 오를 일이 있었다. 구름 하나 없는 쾌청한 날씨 덕에 서울 시
내가 한눈에 보였다. 고층 빌딩에서 본 아파트는 성냥갑보다 더 작고 초
라했고 길 위의 사람들은 움직이는 작은 점 하나에 불과했다. 눈앞에 광
활하게 펼쳐진 시야를 보니 Y씨는 갑자기 허무함이 몰려왔다. 모든 것
이 부질없어 보였고, 아등바등 살 필요가 뭐 있을까라는 생각이 들었다.
이때 간간히 들어왔던 '욜로YOLO(인생은 한 번뿐)'라는 말이 오버랩되었
다. '그래, 인생 뭐 있어? 어차피 한 번뿐인 인생인데, 즐기는 거야!'

Y씨는 그날부터 힘들게 모은 2억 원을 닥치는 대로 하고 싶은 일을

하며 쓰고 즐겼다. 여행, 답사, 각종 활동 등을 하며 펑펑 돈을 썼다. 2억 원이 겨우 몇만 원의 잔고로 남기까지는 1년이 채 걸리지 않았다. 한동안 충분히 여가를 즐긴 Y씨에게 이번에는 허탈감이 몰려왔다. 욜로 인생에 충실했는데 이후로는 결코 즐겁지가 않았다. Y씨 삶 자체도 흔들리기 시작했다. ■

열심히 일한 당신, 조금만 즐겨라

수년 전 모 광고에서 히트 친 "열심히 일한 당신, 떠나라"라는 말에서 우리는 여가의 당위성을 연상한다. 일한 만큼 받는 당연한 대가가 여가다. 최근의 워라밸 문화 확산도 여기에 힘을 실어준다. 그러나 여가는 무턱대고 즐기는, 무작정의 성격을 내포하지 않는다. 여가의 의미는 그저 남는 시간, 자유 시간을 즐기는 개념이 아니라는 것이다. '여가'는 스스로 선택하여 즐거움과 행복을 경험하는 활동을 말한다.

'선확사후여가 先確事後餘暇'이다. 먼저 확실히 일하고 나서 나중에 여가를 즐겨야 한다. 덧붙여 여가는 의무적인 기본 사항이 아니라 내 처지에 맞게 즐기는 선택 사양이어야 한다. 그저 한 번뿐인 인생이니 즐기고 보자는 '욜로주의'는 일만 했던 규모의 경제 시대에 나온 희망적인 위로의 키워드다. 무계획적인 욜로는 자칫하면 '탕진 인생'이 된다. 정말 '욜로' 좋아하다가 골로 가는 수가 있다.

이탈리아에서는 3대 모토가 있다. '만자레mangiare', '칸타레cantare', '아모레amore'인데 순서대로 '먹고, 노래하고, 사랑하고'라는 의미다. 참 좋은 말이다. 그런데 이는 여가의 이상적 의미에 불과하다. 금수저로 태어나지 않고서야 위의 3가지 혜택을 모두 누리는 것은 불가능하다. 일반인들이 저렇게 율로 인생을 따라가다가는 밑천이 다 떨어져 이른 나이에 굴곡진 삶을 맞이할 수 있다.

열심히 일하면서 조금씩 여가를 즐기는 방법이 최적안이다. 일하면서 쉬는 시간에 간단한 스마트폰 게임을 즐기고, 퇴근 후 자기 충전과 취미, 휴식 등의 다양한 메뉴 안에서 자신이 하고 싶은 뭔가를 향해 움직이는 것이 여가다운 여가다. 경제 활동 이외의 시간에 나 자신의 신체적, 정신적 자유로움을 느끼고 짬짬이 자발적으로 즐기는 모든 활동이 여가이니, 구태여 일과 경계선을 그어서 구분하지 말고 그때그때 주어지는 크고 작은 시간에 여가 쿠폰을 사용하여 즐겨 보자.

의외로 직장인들은 여가가 지극히 필요한 상황이어도 여가를 즐길 줄을 모른다. 아직까지 일 중심적인 직장인들이 세 명에 한 명 꼴이다. 야근을 밥 먹듯이 하는 '프로 야근러'에, 휴가 시간에도 출근하는 '출근 휴가족', 더 나아가 휴식과 여가를 포기한 '쉼포족', '여포족'도 생기고 있다.

'번아웃burn-out'이라고 하는 '소진증후군' 현상은 요즘 감기처럼 흔하다. 좌우지간 일을 너무 많이 한다. 그러다 빨리 늙고 병 걸리니, 일부 젊은 세대들처럼 야근 수당을 거부하고 일찍 퇴근해서 여가를 즐기는 방법을 찾아야 한다. 그리고 일단, 나에게 여가가 주어지면 의미 있게 잘 보내야 한다.

흥미 있는 통계가 있다. 직장인들이 바라는 희망 여가 활동과 실질적으로 이행하는 현실 여가 활동의 차이점을 비교한 자료다. 희망하는 여가 활동이 영화 보기, 해외여행, 스포츠 경기 관람 등이었는데, 정작 실행한 주된 여가 활동은 TV 시청, 산책, 낮잠, SNS 활용 등이었다. 국민의 81%가 문화 생활을 즐긴다지만 그중 75.8%가 영화 보기에 편중되어 있다는 통계도 있다. 이는 모두 여가를 추구하는 것에 대한 이상과 현실이 다름을 잘 보여준다. 직장인들은 여가가 생겨도 이를 잘 실천할 줄 모르거나, 여가를 기획하고, 결정된 여가를 계획하는 활동에 익숙하지 않은 듯하다.

이러다가 '여가 권태Leisure Boredom 현상'마저 생길까봐 걱정이다. 자유 시간이 생기면 무료해지고 심지어 자유 시간이 생기는 것 자체를 두려워하는 심리까지는 겪지 않아야 한다.

여가를 여가답게

시대가 변하고 소득 수준이 높아지면서 여가 활동도 그만큼 다양해졌다. 여가 생활을 찾아보기 힘들었던 70년대에는 기껏해야 화투가 대중적인 여가 활동이었다면, 80년대에는 탁구, 당구, 볼링, 테니스 등 운동을 토대로 한 여가 활동이 생기기 시작했고, 최근에는 교외에서 즐기는 스키, 골프, 캠핑 등이 인기를 끌고 있다. 이대로 가면 상류층의 전유물이라고 하는 승마나 요트도 대중적 여가 범주에 들어올 것이다. 제 4차 산업혁명 시대는 우리가 도달할 수 없는 모든 한계 분야에도 VR(가상현실) 여가 체험을 선보일 기세다.

아무튼 여가도 시대에 맞게 즐기는 '트렌드 여가 트레킹Trend Leisure Tracking'을 해야 한다. 잘 먹고 잘 사는 '웰빙' 시대나, 나를 치유하자는 '힐링' 시대나, 잘 늙어가자는 '웰에이징' 시대의 최대 공약수는 바로 여가다. 여가를 여가답게 설정하고 즐겨야 한다. 일만 죽어라고 한 사람들은 놀 줄 모르거나 놀 문화가 없어서 나중에 더 고생한다고 한다. 평소 둘레길을 돌듯 가벼운 여가를 즐기다가, 퇴직 후 산 정상 등반과도 같은 큼직한 여가를 한두 번 정도 만끽하는 것도 여가 기획의 일환이다. 한편, 여가를 여가답게 보내려면 노잣돈과 같은 여가 비용이 있어야 한다. 매일 산에만 올라가고, 동네 생활체육 센터에서 배드민턴이나 탁구만 즐길 것인가? 퇴직 기념으로 근사한 퇴직 여행을 해보는 것도 좋지 않을까. 물론 계속 먹고 놀자식 욜로는 금물이지만 말이다.

여가 테마를 창의적으로 기획하여 새로운 여가 생활에 도전해보자. 주말에 맛집 탐방도 좋고 슬로우 힐링 체험 차원에서 '멍 때리기' 대회에도 참여해보자. 아이들이 좋아하는 온라인 슈팅 게임, 시뮬레이션 게임도 못할 것 없다. 혹시 아는가? 그로 인해 자녀와 더욱 친해질지. 요가, 각종 레시피, 테라피 등 그동안 나의 삶과 무관했던 단어도 이제 나의 검색어가 되도록 해보자. 여가는 기획을 하는 만큼 풍성해지고 그 가치가 높아진다.

즐기고 노는 것을 뛰어넘어 배우는 것도 여가다. 요즘은 여가와 자기계발이 기업의 출자 순환 고리처럼 끈끈하게 이어지는 경우가 많다. 이른바 여가와 학습의 밀애가 이뤄지고 있는 것이다. "당장 어디서 배우지?"라고 묻기 전에 주변부터 살펴보자. 도처에 배움터 투성이다. 지역평생교육원, 주민센터, 도서관 등 오프라인과 온라인 동호회, 블로그, 유튜브 공간까지 모두 배움의 기회를 제공한다. 뭉치면 클래스 '뭉클'이라는 배움 커뮤니티도 생겨났고, 백화점에서 각종 실용강좌나 체험을 하는 문화센터족 '문센족'도 있다. 배움과 즐기기가 복합되면 정말 두 마리 토끼를 잡는 꿩 먹고 알먹기식 여가 활동인 것이다.

마냥 TV 시청만 하는 것이 아니라 영어나 교양학습 강좌를 보고, 여행을 하며 역사 탐방과 문화체험을 하고, 일과 연결되는 동호회 활동에 참여하고, 애완동물을 돌보면서 관련 자원봉사 활동도 하는 등 복합적 여가 활동은 현 추세의 바람직한 여가라고 할 수 있다. 놀면서 배움으로 환원하는 여가는 진짜 무언가 남는 여가 활동이다.

특히 중장년 시기에는 이러한 여가 활동을 일찍이 서둘러야 퇴직해서도 삶의 출렁거림을 줄일 수 있다. 잘나간다고 현직의 중년에 술 마시고 골프 치는 여가 키워드만 누르다보면 퇴직 후 방구석 신세만 질 수 있다. 여가 시간에 도서관을 가는 호기심 충만의 지식 정보형 사람들은 보기도 좋을뿐더러 곱게 늙어가는 느낌도 난다.

요즘은 도서관에서 다양한 강좌와 문화체험 행사도 하고 때로는 구직 지원 활동도 하니 도서관을 나의 허브와도 같은 종합 여가 공간으로 활용하면 요긴하다. 배움에는 퇴직도 은퇴도 없다.

배우지 않은 것은 나이 들어 제일 후회하는 부분이라고 한다. 미국 일리노이 주립 대학교의 조사 결과에 의하면, 사람들이 죽기 전에 가장 아쉬워하는 것 중 1위가 '좀 더 배우지 못한 것'이라고 하니 배우고 또 배우자. 배워서 나도 채우고 남에게 줄 수도 있는 것이다.

여가는 나의 찌든 삶을 시원하게 적시는 청량제이며, 지친 독소를 빼내는 삶의 디톡스다. 그러나 무엇보다 나의 만족감이 주원료이어야 한다. 여가를 통해 나 자신이 현재의 삶을 충전하고 새로운 자아실현을 위한 자양분으로 삼을 수 있어야 한다. 여가 자체를 오직 즐기기 위해서 열정을 발휘하는 것보다 여가가 자연스럽고 여유로운 휴식 에너지원과 새로운 배움의 마중물로 쓰이는 데 그 열정을 쏟아부어야 한다. 이제 여가도 참된 열정으로 기획하고 다스려야 하는 것이다.

04 몰입하면 돈이 생기는 취미

자발적 몰입과 생산성을 갖춘, 이른바 돈 버는 취미가 가장 이상적인 취미다.
쌓아온 취미가 돈을 벌게 되는 행운까지 낚아챌 가능성이 있다면, 현직일 때
한 번쯤 진득하게 생각하고 적극 투자해볼 일이다.

올해 32세인 G양은 춤을 좋아한다. 어렸을 때부터 댄서가 꿈이
었다. 하지만 부모의 만류와 주위의 격한 저항에 부딪혀 평범한 워킹맘
으로 살아왔다. 하지만 몸에 흐르는 춤에 대한 열정의 DNA는 그녀에게
나이트클럽이나 카바레를 탈선의 공간이 아닌, 틈나는 대로 즐기는 춤
의 무대로 활용하게 만들었다. 춤은 그녀의 유일한 낙이자 취미였다. 전
통 춤과 아이돌 댄스를 결합하여 그녀만의 춤도 연구했다. 여기에 운동
효과까지 가미한 퍼포먼스는 그녀만의 전매특허였다.

하지만 직업상, 생활여건상 이를 대중화하려는 의지는 욕심에 불과했
다. 그러다가 우연히 누군가 G양에게 유튜브에 채널을 만들어 춤 영상
을 올려보라고 제안했다. 처음에는 가벼운 취미 삼아 시작했다. G양만
의 춤은 온라인을 타고 회를 거듭했다. 방문객 수가 한자리를 찍어도 그
녀는 자기 만족감으로 중단하지 않고 취미를 살렸다. 그녀의 춤에 대한

호응이 생겨나면서 방문객 수가 기하급수로 늘고, 해외 팬까지 생기더니, 몇 년이 지나 급기야 그녀의 춤을 아끼고 사랑하는 커뮤니티도 만들어졌다.

수만 명의 구독자를 낳아 매달 큰 수익을 안겨준 그녀의 취미는 회사를 기꺼이 그만두게 이끌었다. 초청 공연도 따냈다. 자동차만 타다가 우리나라 지도 밖까지 비행기를 타고 다녔다. 취미로 시작한 그녀의 춤은 G양에게 인생의 전환점을 마련해주었고 그녀의 인생 자체를 송두리째 바꾸었다. ■

취미는 소속감과 몰입이다

취미는 직장인들이 여유가 생길 때 하는 여가 활동과 직결되는 매우 중요한 활동이다. 직장인이 아니더라도, 일하지 않더라도, 누구나 하나쯤은 갖춰야 할 요소이기도 하다. 직장인 중 취미가 없는 사람은 전체의 12.9%로 적은 편에 속하지만, 의외로 직장을 그만두고 나서 취미 활동을 하지 않는 사람들이 30% 이상이나 된다고 한다. 가장 심각한 경우는 아예 취미가 없거나 취미 생활이 중단된 사람들이다. 휴면계좌처럼 휴면 취미를 가진 직장인들이 문제다. 먹고사는 일에 급급해서, 여유가 없어서, 돈이 없어서 등 변명은 가지가지다. 간혹 일이 취미라고 하는 사람이 있는데, 사람인지 의심스럽다.

일에 대한 지나친 노력은 작은 취미의 권리를 앗아가고 삶의 여유마저 훼손시킬 수 있다. 나중에 잠자고 있는 휴면 취미를 살리려고 하지만 기간이 경과하여 이미 흥미가 없어졌거나 내용물과도 같은 취미거리를 찾지 못해 포기하는 경우가 허다하다. 취미가 없으니 할 게 없고, 할 게 없으니 취미도 안 생기는 악순환이 반복된다.

무취미자에게 취미를 잃은 이유를 물어보니, 심리적 여유가 없다는 답변이 대부분이었다. 팍팍한 직장 생활이 취미를 가질 만한 마음의 여유까지 박탈한 것인데, 이는 현재의 워라밸 운동으로도 해결되지 않을 수 있다. 퇴직자들도 여기에서 자유롭지 않다. 퇴직 후 어느 정도 확보한 시간으로 뒤늦게 취미 활동을 가지려고 하나, 익숙해지기까지 시간이 오래 걸리다 보니 제대로 정을 붙이기 힘들고, 어느 정도 재미를 느낄 만한 경지에 이르기까지 드는 비용 청구서를 받아보고는 덜컥 겁부터 나서 의사 결정에서부터 난항을 겪는다. 게다가 퇴직자 또는 은퇴자들이 현실에서 겪는 가장 큰 고통은 다시 일하게 되기까지의 '소속감 부재'라 할 수 있는데, 만약 현직일 때 무취미의 인생을 살았다면 퇴직 후 어디에도 소속되어 있지 않다는 정서적 우울감까지 더해질 수 있다. 그렇기 때문에 취미 또한 현직일 때 챙겨야 한다. 일과 취미 생활 두 가지를 양립해야 한다. 직장 생활하면서 틈날 때마다 투자한 취미 생활은 퇴직 후 소속감을 느끼지 못하는 시기에 일정 기간 나의 '임시 소속'이 되어줄 수 있다.

일단 심리적 소속감을 찾아야만 안정적인 활동으로 집중할 여력을 갖출 수 있기 때문이다. 이러한 취미는 몰입을 전제로 한다. 이왕

하는 취미, 몰입해서 해야 한다. 몰입의 종류에는 해야 하기에 하는 수동적 몰입과 나도 모르게 너무 재밌어서 하게 되는 자발적 몰입이 있는데, 온건한 취미는 후자의 몰입이 받쳐줘야 한다. 자발적 몰입은 자신에게 동기를 부여하고 주의집중을 유발하여 작은 행복감을 줄 수 있다.

또한 취미에는 3가지 필요충분조건이 있다. ①내가 좋아하는 것 ②남보다 비교적 잘하는 것 ③잘하면 돈을 벌 수도 있는 것. TV 드라마를 몰아치기로 보는 취미나 하루 종일 해도 지치지 않는 인터넷 게임은 자발적 몰입도는 충분할지 모르지만 위의 기준으로 판결하면 '증거 불충분'으로 기각 사유가 된다. 춤이 취미라고 해서 '안 가본 사람은 있어도 한 번 가본 사람은 없다'는 나이트클럽, 카바레, 성인 콜라텍을 전전하면 몰입은 있으나 왠지 불량스럽다.

그렇다면 건전하면서 몰입할 수 있는 취미를 어떻게 찾아야 할까? 이는 현직에 있을 때부터 탐색하고, 퇴직해서 발전시켜야 한다. 글쓰기에 흥미가 있고 글도 제법 잘 쓴다면, 내가 어느 부분에서 글쓰기 취미를 살릴지 발전시켜 보자. 논리적인 글을 잘 쓴다면, 신문이나 잡지 등의 각종 매체에 독자 투고도 해보고, 자소서(자기소개서)를 대신 써주는 부업도 할 수 있다. 감성적인 글을 잘 쓴다면 라디오 방송 사연에 꾸준히 응모해보고 웹소설에도 도전해보자. 혹시 아는가. 자꾸 몰입해서 하다보면 '어쩌다 전문가'가 되어 또 다른 직업으로 발전할지.

생산성 있는 취미 활동을 하자

현실을 보면 자발적 몰입의 취미 활동 사례는 퍼센트가 극히 낮은 편이다. 취미 활동을 한다는 85%의 직장인들은 대부분 운동이나 영화, 드라마 감상, 여행, 맛집 탐방, 독서 등을 즐긴다. 중장년층 중에는 아직도 바둑, 낚시, 등산, 독서 등 지극히 보편적인 취미 활동을 즐기는 사람들이 적지 않다. 물론 건전하고 괜찮다. 더구나 좋아하는 것이라면 적극 권장함이 옳다. 어쨌든 취미는 철저한 자기만족이 우선이니까.

하지만 취미가 소모성으로만 치닫는 것은 경계해야 한다. 이는 직장인일 때는 잘 모른다. 그러나 퇴직 후에는 직장이라는 방패막이가 없기 때문에 취미의 개념과 의미가 달라진다. 일하면서 즐기는 취미가 아니라 일이 없어도 일거리로서 추구해야 할 개념으로 바뀔 수 있다.

여가를 덧댄 단순한 취미는 퇴직자 또는 은퇴자들에게 어울리지 않는다. 무작정 유행하는 취미를 따라하고 남에게 보여주기 위한 취미도 지양해야 한다. 주말 아침 산으로 가는 나의 취미 활동을 위해 비싼 등산화에 고어텍스 패션을 갖추고, 산의 본질보다 사람들과 만나서 먹고 이야기하는 데에만 급급한 정도의 취미가 무슨 큰 의미가 있겠는가?

환경이 변하면 이전부터 관례처럼 해온 나의 취미 활동에 대한 재신임 여부를 진지하게 확인해야 한다. 자발적 몰입과 생산성을 갖춘, 이른바 돈 버는 취미가 가장 이상적인 취미다. 현직 때부터 설렁설렁 해온 취미가 퇴직 후에 돈벌이가 되어준다면 이것만큼 신나는 일이 어디 있겠는가? 직장 다닐 때 제과제빵 기술을 취미로 배운 게 도움이 되어 퇴직 후 제과점에서 일하게 된 필자가 아는 중년의 아저씨와 아줌마는 매일 아침 갈 곳이 있고, 일할 수 있고, 기다리는 사람이 있고, 무료하지 않고 돈도 벌어 인생 이모작이 행복하다고 한다.

직장 생활 중 여유가 있을 때 취미 삼아 '난타'를 배운 직원도 있었다. 리듬에 맞춰 맘껏 두드리는 난타는 그에게 직장 생활의 스트레스 해소 역할을 톡톡히 했고, 외로움을 달래주었다. 퇴사 이후에도 '난타 연주 동호회' 사람들과 더욱 긴밀하게 어울린 이 직원은 '난타'를 터득한 덕에 급기야 전국으로 공연을 다니는 쾌거까지 이루었고 더불어 새로운 직업과 소득원까지 생겼다. 작은 취미 하나가 이렇게 대단할 수도 있는 것이다.

취미 생활도 '지속가능성'이 있어야 한다. 취미 활동을 꾸준히 하면 퇴직 후 갑자기 주어진 긴 시간에서 오는 무료함을 달랠 수 있고, 관련된 취미 동호회와 카페 모임 활동 등의 폭넓은 활동 영역을 통해 새로운 소속감과 조직 생활의 의미도 얻을 수 있다. 동시에 쌓아온 취미로 돈을 벌게 되는 행운까지 낚아챌 가능성이 있다면, 현직일 때 한 번쯤 진득하게 생각하고 적극 투자해볼 일이다.

05 미리미리 챙기는 위기 관리 재테크

현직일 때 여러 방면으로 쿡 찔러보기 재테크를 권장한다.
재테크는 저축과 투자를 동시에 해야 한다.

20년 넘게 오직 공직 생활에만 전념한 H사무관. 최근 퇴직을 앞두고 재취업을 위한 구직 준비에 한창이다. H사무관은 신문에 나온 어느 회사의 구직 광고를 보고 무릎을 쳤다.

'간부 출신 경영자 모집

공무원 출신 우대

이사급 직위 및 고액 연봉 지급

사무실 및 집기 일체 제공 서비스'

H사무관은 즉시 입사 지원서를 냈고, 일사천리로 그 회사에 입사했다. 해당 회사 직원들은 그를 크게 환영하고 반겼다. 대기업 간부에 버금가는 대우, 멋진 사무실 환경에 그를 보좌하는 비서까지, 어느 것 하

나 모자람이 없었다. 몇 달 동안 공직 최고치에서도 받지 못한 급여도 받았다. H사무관은 자신의 어떤 능력을 믿고 회사에서 이렇게나 잘해 주는지 이해할 수 없었다. 더구나 그는 출근해서 퇴근할 때까지 특별히 하는 일이 없었다. 시간이 지나면서 궁금증에 대한 답이 풀렸다.

회사는 그에게 고수익을 약속한다며 자신들이 만든 가상화폐에 대한 투자를 권유했고, 그와 비슷한 투자자를 모집하면 상당한 인센티브를 주겠다고 꼬드겼다. 급기야는 투자를 종용하기까지 했다. H사무관은 연금을 담보로 대출받아 회사에 거액을 투자했다.

그러던 어느 날 그가 출근했을 때, 사무실은 텅 비어 있었다. H사무관이 30년간 모은 돈은 그렇게 물거품처럼 사라졌다. ▪

재테크는 현직일 때 조금씩 조금씩

살아가면서 돈은 정말 필요하다. 퇴직 이후의 살아가는 통행세도 만만치 않으니 유독 돈만큼은 '질보다 양'이라는 개념이 통한다. 문득 이런 생각을 해보았다. 찢어지게 가난하고 온몸이 궁색할 정도로 어려운 형편은 아니지만, 돈이 없어 TV 홈쇼핑을 30초도 보지 못하고 채널을 넘기거나, 아이들이 피자를 먹고 싶다고 아우성인데 짐짓 망설이게 되거나, 유행 지난 이월 상품 옷만 사서 입고, 최신형에 비해 두 배 이상 느려 터진 컴퓨터와 프린터로 일하고, 명절 날 조카들에게 얼마큼의 세뱃돈을 줘야 할지 계산해야 하고, 발레파킹이나 손세차를 맡기지 못해 힘겹게 주차 공간을 찾아다니거나 휴일 날 끙끙대며 셀프 세차를 하고 있다면…….

돈이 있으면 사람을 부릴 수 있고, 돈이 많으면 의식주를 풍요롭게 할 수 있으니 돈은 어쨌든 '있고 볼 일'이라는 말을 실감한다. 반대로 자신의 삶을 벌어들인 수익과 지출 규모에 맞춰 살아가라는 말이 구슬프게 들리고, 돈은 수단에 불과하니 이에 집착하지 않아야 돈이 들어온다는 명언은 현실감 없어 보이니, 필자 또한 돈의 위력에 굴복하는 어쩔 수 없는 속물이 된 듯하다. 그러나 어쩌겠나. 좀 더 나은 삶의 질을 위해서 돈은 벌어야 하고, 이는 또한 어느 정도 있어야 하고, 있으면 허투루 쓰지 않고 관리해야 한다는 것을.

나 자신에게 돈이 상대적 삶의 질의 높고 낮음에 기여하는 게 아닌 생계, 즉 '먹고사니즘'에 국한되어 있다면 심각한 삶의 수단으로 바라봐야 한다. 젊고 생산성이 있을 때는 아르바이트 자리라도 있어 그럭저럭 먹고사니즘을 해결할 수 있겠지만, 퇴직이나 은퇴를 하면 상황은 달라진다. 돈은 현직일 때 재테크에 소홀한 사람을 한없이 난처하게 만들고 때로는 비참하게 짓밟기도 한다.

젊은 시절의 가난과 중장년 이후의 가난은 인식 자체가 다르다. 예를 들어 젊을 때 입는 낡고 찢어진 청바지는 개성이 되지만, 나이 들어 입는 해지고 찢어진 청바지는 볼품사나운 가난의 상징밖에 되지 않는다. 나이 들어서 없어 보이면 더 늙어 보이고 초라하다. 돈 없이 오래 사는 것은 가장 큰 재앙이라고도 하지 않던가? 미국의 전문증권회사인 'TD아메리트레이드'사의 조사 결과에 의하면 성인의 25%가 자신은 돈 때문에 은퇴하지 못할 것 같다고 답했고, 55세 이상의 30%가 미래를 위해 모은 돈이 없다고 하니 이제 '노후 빈곤'은 전 세계적으로도 심각한 수준이라고 할 수 있다.

퇴직 후 돈 걱정 없이 사는 사람은 고작 10%도 되지 않고 자신은 경제적인 부담으로부터 자유롭지 않은 대중에 속하니 걱정할 거 없다며 위로 삼지 말자. 문제는 노령의 삶이다. 우리나라 노인 빈곤율은 50%에 육박한다. 은퇴 후 10명 중 7명은 먹고살기를 걱정한다. '1인당 노동 소득'이 43세에 정점을 찍은 후 58세 이후부터는 적자라고 하는 최근 정부 통계를 보면 이는 일시적인 현상이 아닌 구조적인 문제임을 알 수 있다. 자살하는 시니어의 주요 원인 중 하나가 '경제적 빈곤'이며 현실적으로 이를 막을 수 있는 수단도 결국은 경제력이다.

이제 재무 관리에 대한 답이 나온다. 그래서 현직일 때 퇴직 자금, 노후 생활 자금에 대한 재테크를 조금이라도 서둘러야 한다. 아직도 국민연금이 온건한 노후 보호 장치라고 믿는 맹신도들이 있다. 국민연금은 최소한의 안전핀 역할만 한다. 그마저도 수령액은 점점 줄어들 것이다. 우리가 연금을 받을 때 국민연금은 가히 용돈 연금에 불과할 것이다. 혹은 집과 부동산을 담보로 생활하면 된다는 쉬운 생각에 사로잡힌 사람들도 있다. 부동산 가격이 떨어지면 그만큼 생활의 질도 하락한다는 사실을 알아야 한다.

현직일 때 여러 방면으로 쿡 찔러보기 재테크를 권장한다. 재테크는 저축과 투자를 동시에 해야 한다. 워라밸처럼 이 역시 '저투밸', 저축과 투자의 밸런스가 맞아야 한다. 저축은 저금리지만 안정자산으로서, 투자는 위험은 있지만 변동자산으로서 저마다의 임무를 수행하는 분야다. 일단 안정적인 저축이나 연금은 기본이다. 70:30의 법칙, 버는 것의 30%는 유동자산으로 맡겨놓자. 꾸준한 저축은 나라가 망하지 않는 한 유지될 수 있는 가장 합리적인 재테크 수단이다. 직장인들의 60% 이상이 이를 채택하고 있는 이유는 명확하다. 괜한 다른 투자 상품에 발을 담갔다가 피를 보거나 크게 데인 적이 있기 때문일 것이다.

부동산, 증권, 펀드 등에는 안정성과 수익성을 고려하여 분산투자하되, 이는 가급적 여유자금으로만 해야 한다. 특히 오르락 내리락 하는 증권 등은 잃어도 생활이 흔들리지 않을 만큼의 금액으로 굴려야 한다. 사놓고 기다렸다가 조금 오르면 팔아서 적당히 자신의 비자금을 모으는 재미 정도로 하기를 적극 권한다.

고수익으로 유혹하는 상품은 그만큼 고위험의 함정이 있다. 변동성이 매우 큰 파생상품, 가상화폐 등의 투자상품은 조금이라도 알지 못하면 건들지 않기를 바란다. 공부를 안 하면 몰라서 실패하고, 공부하면 헷갈려서 실패하는 게 이런 상품들이다. 대박을 꿈꾸다가 자칫하면 쪽박 찰 수 있다. 지하 1층까지만 내려갔다고 생각하는데, 2층 3층까지 막 내려간다.

투자 실패는 1차 피해를 넘어서 2차로 가정불화, 3차로 건강 악화까지 이어지는 악성 종양과 같은 것이다. 일부 투자 전문가라는 사람들의 의견은 한쪽 귀로 듣고 한쪽 귀로 흘려야 한다. 요즘은 다들 돈 버는 목적에만 혈안이어서 공익이나 공공의 질서는 무시하기 일쑤다. 일부 기관 전문가들은 종목을 추천해 주고는 자기들이 다음날 파는 비상식적인 편법을 구사하기도 한다. 필자의 개인적 의견이지만 많은 전문가 중에 전문가라고 인정하기 어려운 사람은 바로 재테크 전문가가 아닐까 한다. 부동산이나 주식은 결국 오르거나 내리거나인데, 그들의 의견에서도 양극화 현상이 벌어진다. 미래에 그것들이 '오름세이거나 내림세이거나'라는 말은 누가 못하나? 그리고 그렇게 잘 맞히면 자기들이 사서 부자되지, 뭐하러 방송에 나와 종목을 추천하고 엄한 보고서만 그렇게 써대는지 모르겠다.

생명보험이나 손해보험 등의 보장성 자산은 위험 관리 차원에서 필수적으로 해야 할 안전장치다. 특히 의료비에는 아낌없이 투자하는 나무이면 좋겠다. 아파서 서러운데 생돈까지 지출하면 병이 더 도진다. 실손보험은 기본이며 암보험, 심혈관질환보험도 일찍부터 챙겨야 한다. 나이 들어 하려면 보험료에 화들짝 놀라고, 돈을 싸들고 와도 가입이 되지 않을 때가 있다. 뭐든지 힘 있고, 할 수 있는 현직일 때 해야 한다. 재테크도 현직일 때 조금씩 하지 않으면 안 한 만큼 더 고생하고 뒤늦게 후회한다. 현직을 떠나서 하는 재테크는 쪼들려서 못한다. 나중에는 하고 싶어도 그럴 수 있는 여유조차 없다. 시쳇말로 '딴주머니'를 차는 것도 현직에 있을 때 조금씩 준비해야 가능하다. 없으면 서럽다. 반대로 있으면 나중에 힘이 생긴다.

젊을 때는 짠돌이, 나이 들어서는 베풂이로

'검테크'라는 말이 있다. '재테크'가 있는 돈을 관리하는 것이라면, 없는 돈을 아끼고 쥐어짜 만들어내는 것이 '검테크'이다. 검테크를 통해 만든 돈을 재테크로 환원하는 것이 가장 이상적인 재무 관리 방법이다.

사람들은 돈을 벌면 번 만큼에 비례해 많이 쓰려고 한다. 어쩌다 공돈이라도 생기면 기분 좋게 다 써야 직성이 풀린다고 하는 사람들도 있다. 그렇게 쓰다가 나중에 개고생한다. 과하게 사는 것은 결국 나중에 가난하게 살겠다는 서약서를 쓰는 것과 같다. 씀씀이는 관성이다. 퇴직자들은 이전보다 수입이 현저하게 줄었는데도 씀씀이를 그대로 유지하다 보니 늘 쪼들리고 힘들다. 젊을 때부터 씀씀이를 줄여 나가야 한다.

젊어서는 기꺼이 짠돌이가 되기를 권한다. 젊은 짠돌이는 가벼운 손가락질을 당하지만 나이 든 짠돌이는 삿대질을 당할 수 있다. 젊을 때는 짠돌이어도 친구가 있지만 늙어서 지갑을 굳게 닫으면 친구들은 도망간다. 남들의 체면치레나 의식 따위는 일단 접자. 돌잔치 세게 하고 화끈하게 쏜다고 박수쳐주는 것은 그때뿐이다. 그렇게 미안하면 나중에 아쉬울 때 더 크게 쏘거나 도와주면 된다. 분수에 맞지 않는 '폼생폼사' 했다간 나이 들어 각설이 품바타령 해야 한다. 한 경제신문사가 조사한 〈2018 대한민국 부자 리포트〉(매일경제)에 의하면 부자들의 공통적인 습관은 '돈 문제로 남을 절대 의식하지 않는 것'이고 '의외로 짠돌이'라는 것이었다.

"아니 도대체 말이 되는 소리를 하세요? 돈벌이가 시원찮아 쓸 돈도 만만치 않은데 무슨 겸테크에 짠돌이 행세라뇨?"라고 할 수 있다. 그래도 해야 한다. 마른 수건 또 쥐어짜듯, 줄일 수 있는 것은 다 줄여야 한다. 그렇게 할 수 있다. 외식을 일주일에 한 번 한다면 격주에 또는 한 달에 한 번으로 줄이고, 똑같은 물건이라도 다리품 팔아 보다 저렴한 곳을 찾아다녀야 하고, 청소, 세탁, 세차 등 지나치지 않을 정도에서의 셀프 노동도 어느 정도 감수해야 한다. 2킬로미터 이내는 자동차도 대중교통도 아닌 뚜벅이(걷는 것) 생활을 즐기며 아껴야 한다. 대형마트에서는 괜히 사재기할 수 있으니 동네 SSM(기업형 수퍼마켓)에 가고, 되도록 사지 말아야 한다. 냉장고 파먹기만 해도 어느 정도 견딜 수 있다. 퇴직 후 소득이 퇴직 이전의 80%를 밑돌면 획기적인 변화를 통한 비용 절감이 불가피하다.

우리는 100만 원을 벌어도 거기에 맞춰서 살고 일정 금액을 저축까지 할 수 있다. 하루 원두커피 한잔을 줄이면 3년 동안 5,000만 원의 대출 이자를 충당할 수 있다 하니 작은 금액도 우습게 보면 안 된다. 그렇다고 마냥 죽기 살기로 짠돌이로 살라는 것은 아니다. 자린고비라도 어쩌다 고기를 한 번은 먹어줘야 한다. 힘들여 모은 돈으로 나의 동기부여와 만족감을 극대화할 수 있는 것에 일 년에 한 번 정도는 과감하게 질러보는 것도 괜찮다. 몇 년 동안 '티끌모아 태산'처럼 모은 돈으로 최신형 노트북을 산다든지, 3년짜리 적금을 단숨에 깨서 가보고 싶었던 유럽여행을 떠나는 용기를 발휘한다든지

하는 것도 필요하다. 한 번쯤 폼 나게 분위기 잡고 다시 일상의 짠돌이로 돌아가자. 그래야 워라밸 실천도 가능하다. 사실 워라밸도 돈이 있어야 가능하다. 그래서 요즘 '머라밸Money & Life Balance(돈과 생활의 균형)'이라는 말도 생겼다.

젊을 때 짠돌이 경영으로 얻은 자산은 퇴직이나 은퇴 후에 이를 경제적 방패막이로 삼거나 베풂으로 거듭나는 데 써야 한다. 나이 들어서는 아이들 교육도 다 시켰고 목돈 들어갈 데가 없어서 큰돈이 필요 없다고 하는데 천만의 말씀, 나이 들어 주름진 얼굴과 볼품없는 몸매를 가꾸는 데도 돈이 필요하다. 돈이 있으면 노인의 모습을 어느 정도 젊게 '커버'해줄 수 있다.

그뿐인가? 돈 있으면 파고다 공원이나 탑골 공원의 리더가 될 수도 있다. 나이 들어 연금받는 공무원, 군인, 교사들이 부러운 이유가 여기에 있다. 새해에 손자들이 놀러 왔을 때, 손에 아무것도 쥐여 주지 못하는 할아버지, 할머니에게 손자 손녀는 있는 재롱도 숨긴다. 반대로 돈 주는 할아버지, 할머니에게는 온갖 재롱을 피우고 냄새가 나도 품에 안긴다. 요즘 아이들은 세네 살만 되어도 경제 감각이 깨어있다. 자식들도 재산 없고 돈 없는 부모는 모시기를 꺼린다. 자식들은 유산을 물려주지 않으면 안 준다고 홀대하고, 물려주면 더 이상 받을 게 없다고 무시한다고 한다. 신세대 젊은이들은 부모의 재산 상속을 조건부로 '효도 계약서'를 쓰고 공증까지 받는다고 한다. 재산은 그들에게 곧 영향력이다. 물려줄 듯 말 듯 자식들과도 밀당해야 한다. 나도 늙어가면서 더 늙은 부모를 봉양하다 보면, 노인이 노인을 모시게 되는 꼴이 되는데 돈이 없으면 효자 소리 듣지 못한다. 좋은 요양 시설로 모시고 정성이 식을 만하면 한 번씩 찾아만 가도 효자다. 그러니 나이 들어서도 재무 상태는 무조건 견고히 하고 볼 일이다.

있는 것을 쥐어짜는 데에는 한계가 있으니 계속적으로 나의 생산성을 유지하는 것이야말로 무엇보다 현명한 재테크다. 평소 나의 역량과 상품 가치를 높여 더 많이 벌거나, 가급적 늦게까지 퇴직이나 은퇴를 미루어 직장으로부터 경제적인 지원이 끊어지지 않도록 해야 한다. 돈이 전부가 아니지만 돈은 벌 수 있으면 계속 벌어야 한다. 더 이상 돈을 위해 일할 필요가 없을 때까지 일하라고 하지 않던가? 돈과 일은 불가분의 관계다. 짠돌이 행세를 하면서 벌 수 있을 때까지 벌고, 그 이후에는 베풀고 즐기면서 살자.

옛말 중 이거 하나는 딱 맞다. '개같이 벌어서 정승같이 쓰자.'

06 가족은 언제나 최후의 보루

퇴직 후에는 가장 필요한 5가지가 있다고 한다.
① 아내 ② 마누라 ③ 애들 엄마 ④ 집사람 ⑤ 와이프
어둠은 빛을 이길 수 없고, 거짓을 참을 이길 수 없는 것처럼
남편(아내)은 결국 배우자를 이길 수 없다.

정년을 몇 년 남겨 놓고 명예퇴직을 한 후 1년째 집에서 쉬며 구직 준비를 하는 N씨, 오늘도 느긋하게 늦게 일어나 잠옷 차림으로 거실에서 빈둥거리고 있다. 그의 차림새를 보면 그가 얼마 전까지 대기업에서 잘나가는 부장이었다고는 상상조차 할 수 없을 정도로 초라하다. 이 상태로 밖에 나가면 사람들이 한 번쯤은 힐끗 눈길을 줄 것만 같다.

N씨는 끼니를 대충 챙겨 주고 외출하려는 아내가 못마땅하다. 어디 가냐며 꼬치꼬치 물어보면 아내가 짜증으로 반응할까봐 참는다. 그 대신 조심스레 자기도 같이 가면 안 되냐고 했다가 일거에 거절당하고 만다. N씨는 자신이 퇴직하고 나니 아내가 변했다고 생각한다.

한편, N씨의 아내는 종일 TV 리모콘을 붙잡고 집에만 있는 남편 N씨가 미워 죽겠다. 간이 배 밖으로 나왔는지 집안일에 참견하고, 반찬 투정을 할 때면 외출을 하든, 어디론가 훌쩍 떠나고 싶어질 때가 한두 번

이 아니다.

N씨의 아내는 그동안 남편 뒷바라지하랴, 애들 키우느라 힘들게 살다가, 이제야 가사 노동에서 벗어나 다양한 문화 활동, 취미 활동을 하려는데 남편이 그 발목을 붙잡는 것 같아 우울하다. 그녀는 남편이 퇴직해서도 변하지 않았다고 생각한다. ▪

원칙 1: 아내(배우자)는 언제나 옳다
원칙 2: 만약에 그렇지 않다면 원칙 1을 보라

'원칙 1: 고객은 언제나 옳다', '원칙 2: 만약 그렇지 않다면 원칙 1을 보라'는 존 스튜어트 밀의 고객 만족에 대한 원칙을 패러디했다. 그렇다. 나이 들어서는 배우자를 더욱 존중해주고, 그녀의 말에 경청하고, 수긍해야 한다.

젊을 때는 먹여 살린다는 명분 또는 권한이 있다. 그러니 조금 부족하다 싶어도 넘어가지만 퇴직 이후 이렇다 할 내세울 게 없다면 확실히 꼬랑지를 내려야 한다. 퇴직 또는 은퇴를 하고 난 후에 의지하고 기댈 곳은 내 곁의 배우자를 비롯한 가족밖에 없기 때문이다. 나의 어려움과 처지를 가장 잘 이해하고, 나와 가장 많은 이야기를 나누고 그럼에도 불구하고 지척에서 나를 보살피는 사람 역시 곁에 있는 가족뿐이다. 그런 배우자에게 계속해서 고전적인 리더십을 행사한다면 몇 년 안에 남 이야기처럼 들었던 '황혼 이혼'을 당하기

십상이다.

나중에 때가 되면 잘한다고? 미리 변하지 않으면 결코 변할 수 없다. 그리고 그때 가서 변하겠다고 기를 쓰고 용을 써도 누적되어 쌓인 감점을 상쇄하진 못한다. 배우자는 '이 양반 불리해지니까 잘하는 척하네'라며 뒤늦은 변화를 알아주지 않는다. 늦었다고 생각할 때가 제일 빠르다지만 배우자와의 관계는 소원해지면 이미 늦은 것이다.

또한 시간이 지날수록 자신보다 배우자의 힘이 커진다는 사실을 인정해야 한다. 정서적으로나 의학적으로 남성들은 갈수록 남성 호르몬이 줄어 감성적 성향으로 여성화되고, 여성이 이성적 성향으로 남성화된다는 말이 있다. 특히, 주도권 측면에서 중년으로 넘어갈수록 남성의 권력은 아내(배우자)에게 이양된다.

아내의 정국으로 교체되었음에도 아직까지 전 정권의 향수에 젖어 전관예우를 바라는 남편들이 적지 않다. 지금껏 말없이 따르고 잘 케어해준 것처럼 내가 어려울 때도 잘해주겠지라는 기대 심리를 갖고 있는 남자들도 간혹 있다. 꿈 깨시라. 전 정권이 너무 잘했기에 새로운 정권으로 자연스럽게 이어졌으면 모를까마는 (역대 그런 정치 사례도 없었다) 몇십 년 동안 장기독재의 남편 정부에 끽소리 못하고 내조만을 강요당한 아내 정부가 이제 이빨과 발톱이 빠진 호랑이가 된 남편 정부에 과연 고분고분할까. 정치 보복이나 안 하면 다행이지.

그러니 평소부터 다독거리며 잘해야 보복에서 벗어날 수 있다. 무조건 신정권에 굴복해야 한 끼도 얻어먹을 수 있는 것이다. 나중에 돈 없고 힘 없어 무시당하지 않으려면 미리 뇌물이라도 바쳐서 좋은 관계를 유지해야 한다.

황혼 이혼은 남성에게 핵폭탄이 터지는 것과 같은 충격이다. 65세 이상 남성의 황혼 이혼 건이 해마다 몇천 건씩 늘고 있다고 하니 자나 깨나 조심하자. 배우자와의 원만한 관계는 마지노선, 최후의 보루처럼 지켜야 한다.

가정이 화목해야 모든 걸 이룬다는 '가화만사성家和萬事成'이 아니라, 우선 아내와 화목해야 모든 것을 이룬다는 '처화만사성妻和萬事成'이고 '천하태평天下泰平'이 아니라 배우자가 있을 때 모든 것이 편한 '처하태평妻下泰平'의 시대다.

퇴직 후에는 가장 필요한 5가지가 있다고 한다.

① 아내(남편)

② 마누라(신랑)

③ 애들 엄마(애들 아빠)

④ 집사람(바깥양반)

⑤ 와이프(허즈밴드)

어둠은 빛을 이길 수 없고, 거짓은 참을 이길 수 없는 것처럼 남편(아내)은 결국 배우자를 이길 수 없다.

퇴직 후 삶을 더욱 역동적으로, 때론 신선하게

배우자가 퇴직한 남편(아내)을 돌보는 일은 남편(아내)의 퇴직 전보다 더 힘든 일이다. 그 정도도 모르고 '이거 해달라, 저거 해달라' 하는 남편(아내)이 꼴보기 싫고 그와의 갈등이 유발되는 것은 당연하다. 젊을 때는 저 혼자 밖으로 싸돌아 다니더니, 이제 와서 가정적인 사람인 것처럼 행동하는 남편을 아내가 보기에도 같잖을 것이다. 따라서 퇴직 후라도 가급적 출근하는 것처럼 일정한 터를 정해서 밖으로 나가고 되도록 집에서 식사하는 횟수를 줄여야 한다. 무려 세끼를 집에서 먹는다는 것은 간 큰 남자(여자)를 넘어서 우스갯소리 '삼식새끼'를 기꺼이 감수하는 뻔뻔함이 내재되어 있어야 가능한 일이다.

일이 없다고, 일거리가 없다고 주변만 맴돌면 삶이 더 궁색해진다. 그럴수록 더 활동적이고 능동적으로 움직여야 한다. 헤밍웨이의 소설 《노인과 바다》에서 노인은 고기가 잡히든 그렇지 않든 꾸준히 바다로 나간다. 마찬가지로 일이 있든 없든 집에 있지 말고 나가야 한다. 그래야 퇴직 후의 삶을 역동성으로 유지할 수 있다. 찾아보면 갈 곳 많지 않은가? 산도 있고 절도 있다. 산에서 밥 주는 절도 있다. 도서관은 퇴직자들에게 최적의 피난처다. 책을 보는 것은 기본이요, 여러 가지 정보를 얻을 수 있고, 잘하면 지하 식당에서 끼니도 해결할 수 있다.

그동안 벌어놓은 저축과 연금도 있겠다, 다시 일할 수 있는 가능성을 담보로, 최소한의 생계를 책임질 수 있다는 전제하에 배우자에게 잘하자. 배우자에게 베풀고, 피해를 주지 않는 선에서 내가 하고 싶은 것을 하고 살자. 배우자에게 의존할 수밖에 없는 상황이라면 자신이 기여할 수 있는 뭔가를 찾아서 제공해야 한다. 하다못해 청소기와 세탁기를 돌리고, 설거지 등의 노동력이라도 제공해야 눈칫밥 신세를 면할 수 있다. 그리고 절대 가사 일을 거들었다는 티를 내면 안 된다. 꾸준히 묵묵히 가사 노동을 분담하자. 그러면 서서히 반찬의 질도 달라질 것이다.

퇴직 후 현직일 때 못했던 가족과의 대화를 몰아치기로 해도 나쁘지 않다. 대화는 가장 큰 힘이 된다. 이전에 몰랐던 서로를 이해하고 정서적인 관계 형성을 도모할 수 있다. 때로는 퇴직의 심적 타격에 가장 큰 정신적 위로가 되어주기도 한다. 수명이 길어지면서 가족이 함께하는 시간이 직장 생활 이상으로 길어졌다. 적절한 대화로 슬기로운 해결책을 찾아야 한다. 여기서 삐끗 잘못하면 또 상당 기간을 힘들게 보낼 수 있다. 자칫 쇼윈도 부부처럼 무늬만 부부 생활을 할 수 있고, 심해지면 결혼 생활을 종료하는 '졸혼', 더 심해지면 '이혼'으로 치닫는다.

모든 것에는 징후가 있다고 한다. 퇴직에도 징후가 있는 것처럼 부부가 이혼하는 데에도 징후가 있다. 5위가 별거, 4위가 배우자의 잦은 외박, 3위는 배우자의 폭언, 2위가 각방 사용이라고 한다. 그렇다면 대망의 1위는? 바로 대화 단절이다.

나가면서 "다녀올게", 중간에 전화 한 통 해서 "밥 먹었나?", "애들은?", 집에 들어와서 "나 왔어" 정도는 무뚝뚝한 경상도 사나이들 수준도 되지 않는다. 이러한 것은 대화가 아니라, 단방향 통보다.

대화를 시도하고 평소보다 이야깃거리를 많이 펼치자. "당신 왜 안 하던 행동해? 뭐 바라는 거 있어?"라는 까칠한 대답이 오더라도 끊임없이 대화하자. 대화가 쑥스럽고 상호작용이 잘 안되어 말로 하기 어려운 부분이 있다면 문자 메시지나 휴대폰 톡으로 시작해보라. 잦은 대화만큼 친밀도도 쌓아질 수 있다. 그러다가 가끔은 분위기 봐서 이런 단어들이 들어간 멘트들로 포장지를 씌워 날리는 것도 괜찮다.

'미안해'

'고마워'

'사랑해'

'잘할게'

부부가 대화의 물꼬를 텄다면 이젠 함께할 수 있는 것을 고민하고 실행해보자. 여유가 있으면 생전 같이 가지 않았던 골프 필드에도 데리고 나가고, 패키지 상품에 묻혀 가더라도 둘만의 여행을 계획하고 실천해보자. 금전적 부담이 된다면 가까운 동네의 둘레길이라도 돌아보자. 그러다 갈 수 있으면 백두대간 명산을 종주가 아닌 산행으로 즐겨보자. 싫다 해도 한두 번 장보기를 따라 나가 카트도 끌어보고, 백화점 문화센터 수강 등록도 함께 해보자. 가끔은 배우자를 위한 간단한 이벤트도 기획하고 실천하자. 상대방이 귀찮아하지 않을 범위 내에서 공감과 배려 활동을 계속한다면 닫혔던 마음의 문도 서서히 열리지 않을까?

퇴직 후 더 나은 미래를 향해 가기 위해서는 반드시 늦게라도 철들어야 한다. 이는 남녀 구분 없이 똑같다. 여성이라면 퇴직 후 주부 남편에게 더 잘해주어야 한다.

부부간의 관계와 사랑은 맛있는 국과 같다. 식으면 맛이 없듯이 식기 전에 자주 데워 줘야 하고 때로는 새롭게 끓일 필요도 있다.

먼 훗날 인생의 뒤안길에서 그동안의 자신의 삶을 돌아보며 '우주 왕복선을 탈 수 있게 해주셔서 감사합니다'라고 말하는 사람은 없다. '사랑하는 나의 가족과 더 많은 시간을 함께할걸 그랬어'라고 말할지 모른다.

살아있는 동안 후회하지 않을 만큼 가족에게 잘하고 살자.

07 허울뿐인 긍정의 착각에 도취되지 마라

긍정적 사고를 주술적으로 되뇌이면 긍정의 희망고문이 될 수 있다.
그 허울에서 벗어나 현실적인 긍정을 찾아야 한다.

직장에서 '무한긍정'이라는 별명을 가진 S양.

언제나 웃고 다니는 그녀에게는 늘 긍정 에너지가 넘친다. 즐겁고 활기찬 회사 생활은 주변에 있는 다른 이들에게까지 좋은 기운을 불어넣는다. 상사가 커피 심부를 시킨다고 불평하기 전에, 세상에서 가장 맛있는 커피를 타겠다고 생각하는 그녀다. 교통사고가 나서 왼쪽 팔을 다쳤을 때도 "오른쪽 팔을 다치지 않았기에 밥을 먹을 수 있고 컴퓨터를 칠 수 있어"라고 말하는 모습에서 사람들은 그녀로부터 '긍정 종결자'의 포스를 느낀다. 모든 것을 긍정으로 환원하는 그녀에게 펼쳐지는 작은 시련은 절망의 깜조차 되지 않는 것들이다.

그런 그녀에게 청천벽력 같은 일이 일어났다. 그녀가 어려운 회사의 구조 조정 명단에 들어간 것이다. S양은 이를 기꺼이 감수하고 퇴직했다. 모든 게 잘 풀릴 것이라는 '긍정'의 무기가 있었기 때문이다. 생각보다 재취업이 쉽지 않아 상당 기간 고생했지만 이겨냈다. 믿었던 친구에게 퇴직금 사기까지 당한 S양은 이것마저도 '언젠간 갚을 거야'라는 긍정의 마인드로 달렸다.

그러나 이후 이혼의 아픔과 워킹맘으로서 겪는 육아의 어려움은 그녀에게 긍정의 소매 자락을 잡는 것조차 허락하지 않았다. 상황이 점차 꼬이고 좀처럼 일이 풀리지 않는 악순환 속에 그녀의 정체성인 '긍정'은 서서히 무너져 갔다. S양은 지금 지독한 현실 앞에 의기소침해하고 있다. ■

삶이 그대를 속인다면 노여워해야 한다

삶이 그대를 속일지라도
슬퍼하거나 노여워하지 마라.
슬픔의 날을 참고 견디면
반드시 기쁨의 날이 찾아올지니.
마음은 미래에 사는 것
현재는 언제나 괴로운 것
모든 것은 순간에 지나가고
지나간 것은 또다시 그리워진다니……

한때 가슴 뭉클하게 모든 사람에게 정신적 위로를 선사했던 러시아 시인 푸시킨의 시다. 긍정의 힘을 일러주는 매우 좋은 시임에는 틀림없다. 하지만 지금 읽어보니, 애써 현실의 어려움을 위로하고, 긍정적으로 합리화 하려는 방어기제 이외에는 볼 게 없는 것 같아 그다지 감동스럽지 않다. 내 삶이 지독히 나를 힘들게 하고 배신하는 데 노여워하지 말고 참으라니? 긍정으로 참고 참아봤자 참는 것 말고는 달라진 게 하나도 없지 않은가?

"괴로움이 남기고 간 것을 맛보아라", "고통도 지나고 나면 달콤한 것이다." 독일의 대문호 괴테가 한 말인데, 이 또한 구시대적 발상이다(물론 개인적 의견이다). 일단 괴테가 구시대 사람이다. 그가 남긴 불후의 명작《젊은 베르테르의 슬픔》은 요즘 젊은이들에게 읽혀지지 않는다. 아예 모르는 이들이 더 많다. 고통이 무슨 달고나 사탕인가? 고통은 지나가도 후유증이 남는다. 성공해도 지난 고통을 생각하며 치를 떨고 눈물짓는 사람들이 더 많다. 생기발랄하게, 성실하게 직장 생활을 했는데 억울하게 회사로부터 구조 조정의 뒤통수를 맞았다면 항의라도 한번 해야 한다.

직장이라는 곳은 지극히 현실적인 곳이다. 조직은 능력 없는 밝은 사람보다 능력 있는 어두운 사람을 더 선호한다. 성과만 낼 수 있다면 개인의 인성은 어느 정도 눈감아 주고 면죄부를 주는 곳이 직장이다. 우리는 현실을 정확히 직시하고 좀 더 능동적으로 대처해 나갈 필요가 있다. 기승전결 모든 것을 긍정으로 흩뿌리기 하려하지 말고 긍정은 마지막 해결책과 이후 방향성을 탐색할 때만 등장시키도록 하자. 믿었던 친구에게 사기당했다면 우선 멱살이라도 한 번 잡고 후련하게 욕해주자. 긍정적으로 상황을 헤쳐 나가는 것은 이후에 할 일이다.

생각해보면 무한 긍정의 '천사표'들이 오히려 잘 당하는 것 같다. 그런 사람들만 골라서 그들의 긍정 신념을 흔드는 못된 무리들이 주위에 너무 많다. 배반당한 현실에는 굳세게 맞서야 한다. 두 눈을 질끈 감아버리지 말고 두 주먹을 불끈 쥐어야 한다.

자기계발에서도 마찬가지다. 열심히 노력한 만큼 성과가 뒷받침되지 않는다고? 가령 착실히 최선을 다해 승진시험 준비를 했는데 최종 승진에서 누락되었다고 해보자. 이는 분명 삶이 나를 속인 것이다. 이른바 '노력의 배신'이다. 이 상황에서도 긍정을 분출시키는 사람이 있다면 그는 이미 성불하고 성찰한 사람이니 절에 들어가야 한다. 이럴 때 푸시킨 시를 떠올리며 위로삼지 말고, 넓은 세상을 향해 불만의 목소리를 높이자. 후련해질 때까지 슬퍼하자. 그리고 이후 새로운 삶의 대안과 분출구를 만들어야 한다.

의도하지 않은 퇴직을 당했을 때도 긍정의 착각을 주의해야 한다. 시간이 지나면 모든 게 잘 해결될 것이라는 생각, 구체적인 솔루션도 없이 자신만은 잘 헤쳐나가리라는 생각, 이만하면 다행이고 이보다 더 나빠지지는 않을 것이라는 생각은 빨리 접어야 한다. 시간이 지날수록 현실의 무게감은 자신이 생각한 것보다 곱절로 어깨를 짓누를 수 있다. 당장의 긍정보다 차후에 엄습하는 부정에 효과적인 해결책을 찾기 위해 마인드 컨트롤부터 해야 한다.

교육을 받으면 강사들은 한결같이 긍정을 주입하려 애쓴다.
'하쿠나 마타타(다 잘될 거예요)'

‘카르페 디엠(현실을 즐기세요)’

‘포기하지 말고 계속 도전하세요. 언젠가 꿈은 이뤄져요’

‘인생은 아름다워요’

‘멈추지 말고 세상을 내 것으로 만들어요’

‘늘 한결같이 내 주변을 사랑하세요’

긍정의 힘 또는 동기부여로 포장된 제목 아래 교재 뒷부분은 결국 이러한 흔한 조언으로 강의 내용을 덧붙임한다. 참으로 "당연한 말씀만 해주셔서 감사합니다"이다. 심지어 어떤 강사들은 나보다 주변에 불쌍한 사람이 많으니 자신은 행복하다는 것을 주문처럼 반복하게 한다. 그렇게 주문만 하면, 뭐가 이루어지나? 필자도 강사지만 당장 내일이 불안정하고 앞으로 먹고사는 것이 걱정되는 사람들에게 이러한 이야기는 지금의 부정적 상황을 느슨하게 보며 옹호하기 바쁜 ‘긍정의 구호’로 밖에 들리지 않는다. 아니면 그저 힘내라는 격려의 멘트일 뿐이다. 긍정을 계속 생각한다고 긍정이 되는 것이 아니며, 나보다 불행한 사람이 많다고 내가 행복한 것은 아니다. 지나친 긍정 주입은 대책 없는 희망 주입과 무책임한 위로가 될 수 있다.

필자는 오히려 역설적 긍정을 이야기한다. 안 되더라도 포기하지 말고 도전하라 하지 않는다. 안 되면 빨리 포기하고 되는 것에 도전하라고 한다. 모든 고객에게 긍정으로 대하라 하지 않는다. 우호적인 고객에게만 긍정으로 대하라고 말한다.

필자의 강의를 들으면 긍정적 의지와 열정이 꺾일 수도 있겠지만, 이는 거꾸로 세상을 가장 현실적으로 보고 합리적으로 대응하는 방법일 수 있다. 그래서 수강생들이 참 후련하다고들 이야기한다.

〈현실적인 긍정 마인드의 변화〉

~에서	~으로
다 잘될 거야.	다 잘되지는 않는다. 받아들여야 한다.
피할 수 없는 현실을 즐겨라.	즐길 수 없으면 피해야 한다.
안 되면 되게 하라.	안 되는 것은 안 되는 것이다.
하면 된다.	되면 한다.
젊어서 고생은 사서도 한다.	늙어서 고생은 돈 받고도 안 한다.
고통 없는 비전은 거짓말이다.	그 말이 거짓말이다.
노력은 결코 배반하지 않는다.	노력은 언제든 배신할 준비가 되어있다.
설마 내게 그런 일이 생길까?	진짜 그런 일이 내게 생긴다.
파랑새는 언젠가 찾아온다.	주변에 파랑새는 잘 보이지 않는다.
꿈은 꼭 이루어진다.	꿈은 꿈으로만 끝날 수 있다.

현실적인 긍정을 추구하자

'회복탄력성resilience'이라는 말이 있다. 사전적 의미는 '크고 작은 다양한 역경과 시련과 실패를 오히려 도약의 발판으로 삼아 더 높이 튀어오르려는 마음의 근력'이라는 말로 긍정, 행복, 도전, 열정을 강조하는 자기계발 강사들의 '단골 메뉴'이기도 하다. 어렵고 힘들고 의욕이 저하될수록 "난 왜 이렇게 안 되는 거야?", "왜 이런 일이 나에게 생기는 거야?"와 같은 부정적 에너지가 커지게 된다. 그 에너지는 독이 되어 나의 내면에 자리 잡은 심리적 질서마저 흔들 수 있다. 심리적 면역 체계가 심하게 손상되면 급기야 흔히 말하는 '멘탈 붕괴' 상황에 이르기도 하는데, 여기까지 가는 데 강력한 차단 밴드를 붙여주는 것이 바로 회복탄력성이다.

회복탄력성의 끝판왕을 보여주는 사람은 역시 동화 속에 나오는 '빨강머리 앤'이 아닐까 싶다. 낙천성, 솔직함, 명랑함, 당당함, 친화력, 열정, 꿈과 희망 등이 돋보이는 앤은 세상의 모든 긍정이란 긍정을 모두 모아놓은 것만 같다. "내일은 아직 아무것도 실패하지 않은 하루라고 생각하면 기쁘지 않아요?", "세상은 생각대로 되지 않는다고 하지만, 생각대로 되지 않는다는 것은 정말 멋져요, 생각지도 못했던 일이 일어나거든요." 빨강머리 앤은 가히 '긍정의 종결자'라 할 만하다. 주위에 이런 무한 긍정자가 과연 몇이나 될까?

'빨강머리 앤'은 긍정의 벤치마킹 정도로만 참고하자. 일단 내 안의 부정 에너지를 빼는 정도로만 주위의 회복탄력성 전문가, 긍정 도취자들의 힘을 빌리는 것이다. 부정의 에너지를 제거하는 회복탄력성의 본보기는 우리 친구 빨강머리 앤이지만, 실행 방향과 구체적인 방법은 이제부터 내가 정해야 한다. 결국 우리 살 길은 스스로 찾아야 하니까.

마인드부터 실행까지, 현실적인 긍정의 진행 과정으로 필자는 3단계 마인드 컨트롤 프로세스를 제시한다. 1단계는 '~구나', 2단계는 '~겠지', 3단계는 '~하자'다. 모두 긍정의 훈련으로서 짧은 글 짓기다. '~구나'는 현실을 인정하는 것으로, '~겠지'는 회복탄력성의 긍정 발상으로, '~하자'는 앞으로 살 길을 찾는 나 자신의 실행 선포다. 자, 풀리지 않거나 좋지 않은 모든 상황을 여기에 한번 끼워 맞춰보자.

열심히 근무했지만 이번 승진에서 떨어졌다고 낙담하지 말고 다음 3단계로 마인드 컨트롤을 하며 나 자신을 치유해보자.

> 1단계 ~ 구나 : '아, 내가 이번 승진에서 떨어졌구나' 또는 '이번에도 고배를 마셨구나'
>
> 2단계 ~ 겠지 : '무슨 사유가 있었겠지' 또는 '내년에는 승진이 꼭 되겠지'
>
> 3단계 ~ (하)자 : '한 해 또 열심히 해보자' 또는 '툴툴 털고 다시 노력하자'

주의사항이 있다. 조금이라도 부정적 마음의 글쓰기를 하면 절대 안 된다. 이는 남아있는 '회복탄력성'마저 파괴할 수 있다.

> ① ~ 구나 : '또 떨어졌구나' 또는 '미치겠구나'
>
> ② ~ 겠지 : '이젠 해봤자 안 되겠지' 또는 '포기해야겠지'
>
> ③ ~ (하)자 : '술이나 먹자' 또는 '이제 대충대충 일하자'

퇴직 상황에도 이를 대입해보자. '아 내가 20년 만에 퇴직을 했구나', '곧 재취업할 수 있겠지', '우선은 마음 내려놓고 여행이나 다

녀오자'

웃음 치료 강사들이 간혹 억지 웃음을 강요하는 경향이 있다. 한바탕 웃으면 이게 웃는 건지 소리를 치는 건지 잘 모를 때도 있다. 그렇더라도 웃다 보면 웃음이 생활화된다는 취지는 좋은데 끝나고 나면 왠지 허전하다. 억지로 긍정을 강요하는 것은 '그냥 웃지요' 같은 것이다. 긍정적 사고를 주술적으로 되뇌이면 긍정의 희망고문이 될 수 있다. 그 허울에서 벗어나 현실적인 긍정을 찾아야 한다.

애초부터 파랑새는 없다. 무조건적인 긍정을 좇으면 되려 파랑새는 멀어진다. 현실을 직시하고 하루하루 잘 지내다 보면 어느 순간 파랑새는 저절로 따라온다.

08 멋진 인생의 클로징, 웰다잉 기획

부모가 자식에게 물려줄 수 있는 최고의 자산은 바로 나 자신의 웰다잉이다.

공무원 U씨의 중장년 인생은 꽃길의 연속이었다.

그의 아내는 30년간 그를 헌신적으로 뒷바라지해서 부이사관 자리까지 오르게 했고, 그가 퇴직한 후에도 '내조의 여왕' 역할을 잃지 않았다. U씨가 60세 이후에도 건강한 생활을 할 수 있었던 것은 순전히 아내 덕분이었다. 그러나 불행은 갑자기 찾아왔다. 아내가 가끔 가벼운 치매 증세를 보이는가 싶더니, 달을 넘기면서 증상이 심해졌다. 급기야는 U씨가 아내의 밥을 챙겨야 했다. 하지만 U씨는 그동안 아내에게 받는 것에만 익숙해져 아무것도 해줄 수가 없었다. 멀리 떨어져 사는 자식들에게 도움을 청하는 것도 하루 이틀, 아내의 든든한 지원 속에 평생 일만 했던 U씨는 집안일에 대해서 알고 있는 것도, 할 줄 아는 것도 거의 없었다. 냉장고, 세탁기, 청소기 모두가 낯설었다. 당장의 불편함은 공직생활을 마치고 더 심해졌다. U씨는 아내가 없으면 아무것도 할 수 없는 어린아이였다. 불행은 가중되기까지 했다.

　몇 해 후, U씨마저 갑작스레 쓰러져 병원에 실려 갔다. 산소 호흡기에 의존할 정도로 사안이 위중했다. 하지만 사전 의료의향서가 없어 호흡기를 떼지 못하고 생명을 연명해야 하는 상황에 자식들은 당황했다. 그보다 더 심각한 것은 U씨가 생전에 제대로 된 유언장 하나 남겨놓지 않아 재산 상속 부분에서도 불화가 끊이질 않았다. ■

혼자서도 잘해요

　'혼밥', '혼술'이라는 단어의 유행이 식지 않을 만큼, '1인 가족'이 날로 증가하고 있다. 모태 솔로처럼 선천적 1인 지향도 있겠지만 중장년층은 어쩔 수 없이 후천적으로 나홀로족 대열에 합류하게 된다. 배우자와의 이별이나 배우자에게 심각한 문제가 발생하는 것은 인생에서의 가장 큰 스트레스다. 그러나 이는 피할 수 없는 현실이다. 사랑하는 사람과 같이 살고 동시에 삶을 마감할 수는 없는 거니까.

　독수공방 중년과 독거노인들이 앞으로 큰 사회 문제가 될 수 있다. 노인 빈곤보다 더 지독한 것은 노인 고독이라는 말도 있다. 아내를 먼저 떠나보내고 홀로 남겨진 60세 이상 남편들의 수명이 10년 이내라는 통계도 간혹 보인다.

　그렇다면 솔로의 재탄생으로 인한 비극은 어떻게 막을 수 있을까? 그 비법은 평소에 홀로 있는 연습을 해서 후에 솔로가 되었을 때 충격을 완화하고, 삶을 지탱해 나가는 데 있다. 평상시 청소도, 요리도, 설거지도 직접 할 줄 알아야 한다. 뒤늦게 임박해서 배우려고 하면 정말 고생을 달고 살아야 한다. 좋은 사람들과 더불어 여러 가지 의미 있는 것을 해보며 잘 늙는 것은 당연 꽃중년-노년의 길이겠지만, 혼자됨을 온건히 받아들이고 묵묵히 홀로 즐기는 프로젝트를 실행하는 것 또한 행복한 삶의 일부가 될 수 있다. 혼자라고 해서 불행하다고 불평하지 말고 '혼자서도 잘해요'가 어울리는 사람이 되어야 한다.

언제 어디서나 혼자서도 당당해지도록 하자. "어서 오세요, 몇 분이세요?" 여지없이 이렇게 이야기하는 식당 종업원에게 "저 혼자인데요"라며 뻔뻔하게(?) 4인용 식탁을 턱하니 차지하고 앉아 활기차게 '혼밥'을 즐길 수 있어야 한다. 그러다 면역력이 생기면 간단한 1인용 밥상보다 파전과 부대찌개도 시켜먹는 용감함까지 드러낼 수 있다.

사람들은 혼자가 되면 위축되는 심리 성향을 가지고 있다. 중장년층은 더 그렇다. 그러다보니 자신이 자꾸 작아지는 것 같아 생동감을 잃어버리는 것이다. 단언컨대 '호모 솔리타리우스Homo Solitarius(외로운 인간)'는 결코 죄인이 아니다. 스스로에게 당당함을 주문했으면 좋겠다.

사실 뜻하지 않은 명퇴와 퇴직도 조직의 관계 구조에서 제외돼 혼자 남게 만드는 역습이다. 여기에 미리 대응하는 훈련이 없으면 그 상황에서 당황하고 좌절하게 된다. 하지만 이전에 행했던 혼자 생활의 모의고사 덕에 솔로 상황에 불편을 겪지 않는다면 진짜 홀로되는 본고사에도 문제될 게 하나도 없다. 다만 옆에 누가 없어서 외롭고 적적할 뿐이다. 게다가 마르고 닳도록 혼자 살아가야 하는 것도 아니지 않은가.

나홀로족이 증가하는 시대에 1인 전용 식당, 1인 여행 상품도 등장했고, 모든 것을 혼자하는 '혼~' 붐도 일어나고 있다. 현실에 잘 적응하고, 하고 싶은 것 하며 나홀로라도 보란 듯이 잘 살면 그게 바로 꽃중년-노년의 인생일 것이다. 어렵다고, 소외되었다고, 실패했다고 마치 세상의 모든 짐을 혼자 다 짊어진 것처럼 어깨를 축 늘어뜨리지 말고 힘을 내자. 혼자 영화도 보고, 공연장도 찾고, 여행도 하는 삶을 오히려 넉넉하게 즐겨보자. '호모 솔리타리우스'를 역설적으로 치유해 나가는 행동은 가장 기초적인 '혼자 즐기기 연습'이자 '웰다잉'의 준비다.

나의 자서전을 기획하고 구상하라

모든 사람은 각자가 살아온 인생의 굴곡이 있다. 그 과정에 대한 스스로의 회고를 기록한 것이 바로 '자서전'이다. 자서전 하면 꼭 정치인이나 유명인사, 연예인들의 기록물로 생각하는 경향이 있지만 이제 누구나 자서전을 쓸 수 있다고 봐야 한다. 자서전을 쓰면 자신이 살아온 인생 이야기를 재구성할 수도 있고, 지나온 날의 스토리텔링을 통해 현재의 나에 대해서 더 정확히 돌아볼 수 있다. 또한 이제 어디로 가야 할지에 대해서도 자문할 수 있다. 그러나 갑자기 자서전을 쓰려고 하면 망설여지는 것은 사실이다. 일단 세 가지가 어려울 수 있다.

첫째, 글 솜씨가 없어서 쓸 자신이 없다는 것. 둘째, 어디서부터 어떻게 시작해야 될지 모르겠다는 것. 셋째, 책 형태의 자서전을 쓴다면 출간이나 출판에 대한 엄두가 나지 않는다는 것.

쉽게 생각하자. 글 솜씨가 없어도 된다. 이해하지 못하는 문장만 아니면 된다. 심지어 자서전은 나 혼자 보는 용도로만 써도 된다. 형식보다 내용이 중요하니 논리적인 것 따지지 말고 그냥 생각이 흐르는 대로 써놓아도 자서전이 아니라고 나무랄 사람은 아무도 없다. 꼭 책이 아니면 어떠랴? 그럴싸하게 출판하여 서점 가판대에 깔고 인세를 얻고자 하는 게 아니라면 컴퓨터 구석진 폴더에 한글파일로 작성해 놓기만 하면 된다.

하지만 쓰기 전에 대략 어떤 식으로 써야 할지 방향 잡기 정도의 기획은 필요하다. 나 자신의 자서진이기에 다른 사람과 내용이 같을 수는 없다. 자신만의 고유하고 특별한 자서전이어야 한다. 일단 콘셉트 기획부터 확실하게 알자. 자서전은 지나간 일을 회상하며 쓴 회고록도 아니고, 매일 일상의 사건을 기록하는 일기도 아니며, 대단한 생애의 업적이나 언행 등을 기록하는 전기문도 아니다. 나 자신의 삶에 대한 진솔한 고백과 기록, 실패와 성취의 경험담 등을 그저 자유롭게 기술하는 '자유 문장집'이 바로 자서전이다.

자서전의 목적도 분명히 하자. 미래지향적이면 좋다. 지나간 나의 역사만을 기록하기보다는 이를 통해 나 자신을 위로하고 인생의 의미를 찾고자 하는 방향성이 그려져야 한다.

가족들에게 남길 말을 미리 남기고 삶의 종착지에 대한 긍정적인 준비를 하는 것도 좋다.

자, 그러면 자서전의 내용은 어떤 식으로 쓸까?

대개 자서전은 시간의 흐름에 따라 연대별로 쓴다고 한다. 나의 어린 시절, 청년기, 중년기 등 시간의 추이를 따라가 나의 역사서처럼 쓴다지만 요즘 아이들 말로 이건 '비추(非推: 추천하지 않음)'다. 인생의 큰 주제를 중심으로 쓰자. 일과 직업, 가족 또는 인간관계, 돈과 건강, 인생의 전환점 등에 관련한 에피소드별로 쓰자. 말하자면 주제별로 에피소드화한 스토리텔링식의 자서전이다.

그래야 읽어도 재미있다. 그러면서 간간히 나의 인생관과 신념 또는 가치관 등을 여기에 버무리면 된다.

앞의 퇴킷 리스트를 자서전의 메뉴로 활용하면 어떨까?

퇴킷 리스트별로 주제화 해서 자서전을 쓰는 시도도 인상적일 듯하다. 퇴킷 리스트 중 하나가 미국 여행이라면 과거에 해외 여행 가서 경험했던 에피소드를 바탕으로 '미국 여행을 간다면 이렇게 하고 싶다'는 계획을 남기는 것도 좋겠다.

유언장은 자서전의 마지막 부분에서 조금 다뤄주었으면 한다. 이 때, 거창한 말을 남겨야 한다는 부담에서는 벗어나자. 가족이나 지인에게 하고 싶은 말과 감사의 이야기를 전하고 내가 하던 일, 내가 가지고 있는 것에 대한 정리 멘트를 하면 좋겠다. 혹시 배우자나 가족 몰래 꿍쳐 놓은 재산이 있다면 먼 나중에 문제가 생기지 않도록 자서전 안에 밝혀서 미리 교통정리를 해주어야 한다. 글로 남긴 유언장은 아무래도 공신력이 있으니까. 자서전, 사실 별 것 아니다.

겁먹지 말고 솔직하고 자연스럽게, 글쓰기 자체를 즐기며 자신만의 방식으로 마음껏 편하게 써보자

〈자서전 쓰기의 단계별 기획〉

콘셉트 설정	준비	쓰기	수정/보완
• 기록물 유형 • 목적 파악 • 내용 구상	• 자료 모으기 • 집필 계획 짜기 • 평상시 메모, 일기 • 회상, 증언 • 타 자서전 읽기와 분석	• 주제별 • 에피소드화 • 구체적 기술 • 퇴킷 리스트화 • 유언장 삽입	• 탈고 • 교정(문장 다듬기) • 자가 피드백

아름다운 웰다잉까지 가자

내 인생은 내가 개척하고 나 자신이 즐기는 삶이다. 다른 요소에 휘둘려 내가 진정 하고 싶은 것에 제한받지 않도록 해야 한다. 언제까지 자식들을 가슴에 품고 부모를 어깨에 올린 채 살 것인가?

양육과 봉양은 중요하고 마땅히 해야 하지만 남은 모든 인생을 여기에 걸치거나 걸고 다니지 않도록 해야 한다. 지나치게 '아낌없

이 주는 나무'가 되려는 것도 뜯어말리고 싶다. 무조건 내 인생 즐기자. 멋지게 살자도 아니지만 더 이상 휘둘리는 삶을 살아서는 안 된다. 지금껏 타인 위주로 많이 살아왔으니 이제 나 위주로도 살아봐야 한다. 그래야만 인생 기획의 마지막 종결지인 자연스러운 웰다잉을 맞이할 수 있다.

웰다잉 하면 좀 부정적인 느낌이 들지만 이는 앞으로 펼쳐질 삶의 중요한 종착역이므로 '유종의 미'와 같은 아름다운 마무리로 이해해야 한다. 내 삶의 마지막을 장식하는 클로징으로서 가장 깔끔하고 뒤끝이 없어야 한다.

생활고에 병원 신세까지 지며 오래 살아서 죽기 직전까지도 남은 사람들을 고생시키고, 죽어서까지 대출금과 상환액을 남겨 힘들게 한다면 이는 웰다잉의 실패이자 가족들에게는 엄청난 민폐다. 혼자 벽에 뭘 칠하고 살더라도 다른 사람들까지 '물귀신 작전'으로 끌고 가서는 절대 안 된다.

미리 준비해둔 유언이나 삶에 대한 정리 멘트도 없어 가족들을 당황스럽게 하고 심지어 작은 유품과 재산에도 실랑이를 벌이게 한다면 죽어서까지 주변에 저주를 내린 것이다. 요즘은 생전에 '상속 계약서'를 쓰는 사람들이 있다는데, 어쩌면 사후 혼돈 예방 장치 측면에서 현명한 처사인 듯하다.

최근에는 '연명 의료'에 대한 쟁점이 종종 핫 이슈로 대두되고 있다. 사전 연명 의료 의향서를 쓰지 않으면 죽음에 임박한 암환자나 식물인간이 된 사람에게도 호흡기를 못 뗀다. 연명 의료를 중단하지 못하는 것이다. 존엄사법에 의해 의식을 잃기 전에 이를 미리 준비하지 않으면 끝까지 고통스러운 연명 의료가 이어질 수 있다. 이는 남은 가족들에게 대단한 짐을 지게 하는 일이다. 진짜 '사死' 전에 연명 의료 의향서를 써놓도록 하자.

건강할 때 웰다잉에 대한 조치를 해야 한다.

부모가 자식에게 물려줄 수 있는 최고의 자산은 바로 나 자신의 '웰다잉'이다.

〈웰다잉을 위해 미리 준비해야 할 것들〉

1. 유언장은 미리 써둔다. (글이나 녹취로 남기고 필요시 공증)
2. 장례 방식을 미리 결정해 놓는다. (화장, 매장, 장지 위치, 방법 등)
3. 부채가 상속되지 않도록 한다.
4. 영상 편지 등을 만들어서 남긴다.
5. 버킷 리스트를 작성하여 하나하나 실천한다.
6. 사전 의료 의향서를 작성한다.
   (장기기증 여부, 생명연장을 위한 의료행위 여부, 의사에게 당부할 점 등)
7. 사람들과 좋은 관계로 남을 수 있도록 한다.
8. 공개해도 좋을 중요한 비밀은 미리 알려준다.
9. 아껴둔 물건을 꺼내서 활용해본다. (사용 및 기증 등)
10. 소중한 사람들에게 '사랑한다'는 말을 남긴다.

노준비 씨 VS 나계획 씨

만화: 도영태

직장생활 20년이 넘은 노준비 씨!

그동안 열심히 '노오력'하며 살았습니다.

직장과 일을 위해서 오로지 앞만 보고 달렸습니다.

그런 그에게 어느 날, 퇴직이 닥쳤습니다.

아무런 준비 없이 맞이한 퇴직은 예상 밖의 큰 충격이었습니다.

당장 짊어져야 할 짐의 무게가 그를 짓누르고

사하라사막 한가운데서 구직활동을 하는 듯 재취업이 힘들었습니다.

관계구조는 직장인맥이 대부분이어서 만날 사람도 적었으며,

여가나 취미 또한 거의 없다시피 살았습니다.

이렇다 할 재테크도 언감생심

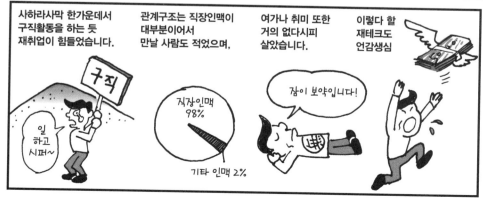

가끔 산에도 가고

어쩌다 친구도 만나 위로를 받고

관련 강의도 듣지만 모두가 허울이고 그때뿐입니다.

갈수록 관계 부피는 쪼그라 들고

삶의 목표와 방향감각마저 없어졌습니다.

결국은 하루 종일 '소파놀이'하는 백수로 전락,

시간이 흐를수록 불안감은 더욱 가중됩니다.

노준비 씨는 현직에 있을 때 미리미리 퇴직을 준비하지 않은것을 지금에야 뼈아프게 느낍니다.

지난날을 반성하며 자신에 대한 '눈물의 편지'를 씁니다.

언젠가 닥칠지 모르는 퇴직에 대한 준비는 아무리 강조해도 지나치지 않다는 것.

퇴직 후에도 일을 중심으로 분야별 원만한 활동을 하며 평생 현역으로 살기 위해 지금 당장 퇴직 후 인생 기획을 해야 함을 역설합니다.

50대 직장인 나기획 씨

일찍부터 일과 생활의 균형을 찾았고,

워라밸

퇴직 5년 전부터 철저하게 준비하기 시작하여

D-5year

기획이 이래다~

몇 년의 노력 끝에 일과 관련한 '노무사(공인)' 자격증을 획득하고

노무사

전문성을 키우고자 항상 연구하고 학습을 게을리 하지 않았습니다.

매사에 적극적이고 긍정적인 것은 기본,

배워서 남주자~

강의

긍정 긍정

취미로 산행과 사진에 몰입하면서

바로 이 맛이야~

동호회 사람들과도 친숙하게 어울렸습니다.

각종 전시활동, 공모활동은 또다른 동기부여 입니다.

〈동호회 사진전〉

산과 인생

몇 년 후 퇴직을 기꺼이 온몸으로 받아낸 후,

지속가능한 일자리 또한 얻어내어

노무법인

축 재취업

퇴직 후 안정적인 진로를 모색해 나갔습니다.

일 할 수 있어 행복해~

여유있는 시간은 가족과의 대화로
더욱 원만한 관계를 만들어내고,

경제적인 측면에서 리드하는 생활을 즐기기까지 했습니다.

오늘은 내가 쏜다~

그러다 문득
아이디어가
떠올라

자신의 사진기술과 자격증 및 역량을
결합한 새로운 콘텐츠를 창출해내고

= '스토리텔링 노무학'

이를 인터넷 개인방송에
소개하기에 이르렀습니다.

YouTube

반응은 대박, 서서히 구독자가 증가하면서 광고 수익은 오프라인 강연 수익으로도 이어졌습니다.

이럴땐
이렇게

사례
사진

광고

클릭

노사
관계
는요~

구독자 수 ↑   좋아요 ↑

₩

모든 것이 활기를 찾으니
건강은 저절로.

나기획 씨의 제2의 인생은 현재
쾌속 순항 중입니다.

여가   관계

건강

재무

그는 자신의 행복한 퇴직
생활은 전적으로 현직에
있을 때의 '기획의 힘'
덕분이었다고 믿습니다.

1. 나의 미래 먹거리 기술 도움창구

구분	세부 내용	비고
내일 배움카드제	• 구직자들의 직업능력개발 훈련 과정 참여 • 1인당 연간 200만 원 한도 훈련비 지원	고용노동부
근로자 직업능력 개발훈련	• 재직자들을 위한 직업훈련 교육 • 재직자 내일 배움카드 제도	
근로자 직무능력향상 지원금 제도	• 자격요건 해당자에게 다양한 직업 및 기술 교육 • 희망 교육 과정 직접 검색 후 선택 참여	
각 기능교육 및 직업훈련 과정	• 전국 8개 대학 기반 다기능 기술자, 기능사, 기능장, 학위전공 심화 과정 운영 • 베이비 부머를 위한 특별 과정 운영	한국폴리텍 대학
산학협력단 과정	• 재직자 교육 훈련(핵심 직무능력 향상) • 취약계층 훈련(은퇴자, 경력 단절 여성 등)	
취업알선센터	• 각 구별 취업알선센터 25개 • 고령자를 위한 취업알선	서울시
취업훈련센터	• 내일행복학교, 시니어 직업능력학교 운영 • 취업, 전문직업 등 5개 아카데미 운영 • 시니어 직업능력학교 운영	
직무분야 강사 양성 과정	• 각 분야 강사들의 강의 스킬 교육 • 강좌 개설 시 강사로서 활용	각 지역 평생교육원
각종 강좌	• 일자리 관련 특강 • 분야별 문화 체험 및 행사 지원	지역 도서관

2. 현직일 때 도전할 만한 똑똑한 국가자격증

구분	자격명	부문 및 부처	시행 기관
국가 기술 자격	직업상담사 2급	사회복지, 종교	한국산업 인력공단
	제빵기능사	제과, 제빵	
	한식조리기능사, 중식조리기능사	조리	
	지게차운전기능사, 굴삭기운전기능사	건설기계운전	
	전기기사, 전기기능사	전기	
	화훼장식기사, 화훼장식기능사	원예	
	컨벤션기획사 2급	경영	
	미용사(일반), 미용사(네일)	이용,미용	
	신재생에너지발전설비사		
	온실가스관리사		
	건축물에너지평가사		
	컴퓨터 활용능력 1급	정보기술	대한상공 회의소
국가 전문 자격	사회복지사 1급	보건복지부	한국산업 인력공단
	공인노무사	고용노동부	
	경영지도사	중소벤처기업부	
	관광통역안내사	문화체육관광부	
	일반행정사	행정안전부	
	공인중개사	국토교통부	
	주택관리사	국토교통부	
	도로교통사고 감정사	국토교통부	
	농산물품질관리사	농림식품수산부	
	감정평가사	국토교통부	
	간호조무사	보건복지부	관련기관
	요양보호사	보건복지부	
	평생교육사	교육부	
	생활체육지도사	문화체육관광부	
	청소년지도사, 상담사	여성가족부	
	한국어교육능력검정시험	문화체육관광부	

3. 직업 및 일자리 정보탐색 관련 사이트

구분	사이트 명	기능 및 역할	비고
공직	나라일터 www.gojobs.go.kr	• 공무원 인사교류, 채용정보 • 특별채용, 별정직, 계약직, 대체인력 등 공모	인사 혁신처
	대한민국 공무원되기 www.injae.go.kr	• 국가직 및 지방직 공무원에 대한 채용정보 • 공무원 직무소개	인사 혁신처
공공 분야	워크넷 www.work.go.kr	• 종합고용정보 시스템 • 직업정보 및 일자리 검색 포털	고용 노동부
	노사발전재단 www.4050job.co.kr	• 중장년 일자리 희망센터 운영 • 중장년 맞춤형 고용지원서비스 제공	고용 노동부
	HRD넷 www.hrd.go.kr	• 종합직업훈련 정보 제공 • 근로자 및 구직자 훈련 과정, 훈련지원 안내	한국 고용 정보원
	커리어넷 www.career.go.kr	• 진로정보망(직업정보, 진로상담, 적성검사) • 진로교육자료 제공 및 경력 관리 포털	교육부
	알리오 www.alio.go.kr	• 공공기관 경영 정보 공개 시스템 • 채용정보 및 기관별 비교 조회	기획 재정부
	한국직업방송 www.worktv.or.kr	• TV 및 온라인 직업 관련 전문 방송매체 • 일자리 정보, 직업능력개발 강좌	공익 채널
민간 분야	잡코리아 www.jobkorea.co.kr	• 일반 부문의 취업 지원 및 채용정보 제공 • 취업박람회, 취업캠프 등 관련 프로그램 운영	채용 포털
	인크루트 www.incruit.com	• 일반 부문 취업 지원 및 채용정보 제공 • 맞춤형 채용공고 및 합격 가이드 제공	채용 포털
	사람인 www.saramin.co.kr	• 사람 중심의 취업 포털 사이트 • 대기업 및 중소기업의 각종 정보 제공	채용 포털
	알바천국/알바몬 www.alba.co.kr www.albamon.com	• 각종 아르바이트 소개 및 채용정보 제공 • 아르바이트 구인 구직 플랫폼	아르 바이트 포탈

4. 각종 봉사 활동 결합 일자리 사업기관

구분	단체	기능 및 역할	비고
봉사 결합 일자리 사업	사회공헌일자리 사업	• 사회적 기업이나 비영리 단체에서 사회 공헌활동 부여 • 고용노동부 및 지방자치단체 지정기관	고용 노동부
	노인일자리 사업	• 노인 특성에 맞는 노인일자리 창출·보급 • 한국노인인력개발원 주관	고용 노동부
	KOICA 자문단 www.kov.koica.go.kr	• 종합직업훈련 정보 제공 • 근로자 및 구직자 훈련 과정, 훈련	한국고용 정보원
	NIFA 자문단 www.kse.nipa.kr	• 진로정보망(직업정보, 진로상담, 적성검사) • 진로교육자료 제공 및 경력 관리 포털	정보통신 산업진흥원

5. 퇴직 후 꼭 챙겨야 할 국가 지원 제도

구분	내용	신청 방법
실업급여	• 고용보험에 가입한 근로자와 자영업자가 실직 후 재취업을 준비하는 동안 소정의 급여를 지급하는 제도 • 고용보험에 가입한 기간이 180일 이상일 경우 신청 가능	고용보험 홈페이지 (www.ei.go.kr) 거주지 관할 고용센터
실업 크레디트	• 국민연금 보험료 납부가 어려운 실업 기간에 정부가 보험료의 일부를 지원해 주는 제도(보험료 25% 자가부담 75%를 최대 12개월까지 국가 지원) • 60세 미만의 실업급여 수급자 등 국민연금 가입자 또는 납부 경험자 대상	전국 국민연금공단지사 (1335) 고용노동부 고용센터 (1350)
임의계속 가입자	• 퇴직한 후에도 최대 3년까지 건강보험료를 종전 소득 기준 보험료로 납부 • 직장가입자 1년 이상인 자로서 지역보험료 납부기한 2개월 이내에 신청	건강보험공단 홈페이지 (www.minwon.nhis.or.kr)